Desenhos das letras latino-americanas

Desenhos das letras latino-americanas

Saúl Sosnowski

Organização e apresentação
Roxana Patiño

BIBLIOTECA
BÁSICA
LATINOAMERICANA

Biblioteca Básica Latino-Americana - número 8
A arte interessada - Mário de Andrade

© Fundação Darcy Ribeiro, 2022

Conselho Curador

Eduardo Rinesi - Argentina
Eric Nepomuceno - Brasil
Gabriel Cohn - Brasil
Gabriel Restrepo - Colombia
Horacio González - Argentina (*in memoriam*)
Hugo Achugar – Uruguay
Nora Garita – Costa Rica
Paulo Henrique Martins - Brasil
Salomón Nahmad Sitton – México
Stefano Varese – Perú

Equipe Editorial

Ana Paula Simonaci – Azougue Editorial
André Magnelli – Ateliê de Humanidades
Cristián Jiménez Plaza – Tucán Ediciones
José Ronaldo A. Cunha – Fundação Darcy Ribeiro
Maria Elizabeth Brêa Monteiro – Fundação Darcy Ribeiro
Sergio Cohn – Azougue Editorial

Asessoria jurídica: **Ana Luísa Chafir**

Projeto gráfico: **Pablo Marchant**

Tradução: **André Magnelli**

ISBN: 978-85-63574-65-7

MAIO DE 2022

A partir de seus anos de exílio, Darcy Ribeiro tomou para si — e nunca mais largou — a tarefa de pensar a América Latina e a inserção do Brasil nesse continente essencial. Sua ação sempre se deu como intelectual, como político e como cidadão do mundo. No início da década de 1960, já tentara implantar a Biblioteca Básica Brasileira — BBB, que reunia obras fundamentais para a reflexão da formação do Brasil e, ao final dos anos 1980, montou a Biblioteca Latino-Americana no Memorial da América Latina, na cidade de São Paulo.

Darcy Ribeiro sempre fez de suas buscas um modo de agrupar e disseminar saberes e conhecimentos. A Fundação Darcy Ribeiro, em continuidade a esse sonho, decidiu por empreender a Biblioteca Básica Latino-Americana — BBLA, iniciando a publicação de seus primeiros livros no final de 2021, ano que antecedeu as comemorações do centenário de nascimento de Darcy Ribeiro, em 2022.

A proposta da coleção é realizar o mapeamento, a apresentação, a reflexão e o estímulo à criação sobre a cultura e o pensamento latino-americano, através da publicação de livros de ensaios de importantes pensadores e artistas do continente. O objetivo consiste em alcançar um público amplo, por meio de livros com conteúdo de qualidade, em edições atrativas e bem-cuidadas, que terão versão em português, espanhol e inglês, com publicação em diversos países.

Para uma tarefa de tal magnitude, complexidade e responsabilidade, convidamos renomados intelectuais latino-americanos, alguns deles amigos pessoais de Darcy Ribeiro, para compor o Conselho Curador da Coleção, que estabeleceram critérios básicos a serem seguidos pela BBLA:

— Buscar a síntese entre o foco e a difusão da cultura Latino-Americana, o presente e o crescente;

— Identificar as semelhanças na multiplicidade de povos, formações e expressões e tentar construir um corpo comum a partir da proveniência dos nomes, conceitos e saberes latino-americanos;

— Estabelecer diálogo com as diversidades culturais dos povos transplantados, povos novos, povos testemunho, fluxos migratórios, populações compostas, minorias, alteridades radicais e periféricas no embate do processo civilizatório;

— Apresentar por meio de ensaios, contos, poesia, entrevistas, temas relacionados à antropologia, sociologia, filosofia, literatura, teatro, conteúdos que expressem a maior quantidade de interseções culturais.

Sabemos da complexidade e diversidade dos temas a serem abordados, assim como dos obstáculos a serem superados para se constituir um corpo de saberes e prazeres, consistente e relevante para o público leitor. Esse é o nosso maior desafio!

Esta coleção é uma obra coletiva, fruto do trabalho de uma equipe editorial comprometida com o propósito de semear e disseminar saberes produzidos nesse imenso continente latino-americano. É também uma obra viva, em movimento, que vai integrando autores e protagonistas à medida que incorpora novas abordagens, temas e questões cada vez mais contemporâneas e candentes.

Agradecemos aos conselheiros curadores que generosamente aceitaram o desafio de pensar e orientar esta coleção, aos autores por acreditarem no projeto, à equipe editorial que, como diria Darcy, trabalha com muita determinação para plantar no chão do mundo essas sementes, e às editoras, pela colaboração em empreender este projeto. A todos, e a você leitor, muito obrigado por apoiar a Fundação Darcy Ribeiro.

Trazer a público esta coleção é atualizar os debates em torno da América Latina e refletir sobre esse encantamento necessário, ainda por consolidar, de integração da América Ibérica ao sonho de criação do bloco latino-americano. Esta é, sem dúvida, a função mais essencial desta Biblioteca Básica Latino-Americana.

José Ronaldo A. Cunha
Presidente
Fundación Darcy Ribeiro

BBLA, UMA BIBLIOTECA EM CONSTRUÇÃO

NÚMEROS PUBLICADOS

1. *A América Latina existe?*, de Darcy Ribeiro –
org. e apres. de Eric Nepomuceno (novembro de 2021)

2. *América Latina, um povo em marcha,* de Ángel Rama –
org. e apres. de Facundo Gómez (dezembro de 2021)

3. *O idioma da crítica*, de Horacio González –
org. e apres. de Eduardo Rinesi (janeiro de 2022)

4. *O voo do Tukui,* de Ana Pizarro –
org. de Rocío Casas, apres. de Hugo Achugar (fevereiro de 2022)

5. *Améfrika Ladina,* de Lélia González –
org. e apres. de Melina de Lima (março de 2022)

6. *O direito ao delírio*, de Eduardo Galeano –
org. de Sergio Cohn, apres. de Eric Nepomuceno (abril de 2022)

7. *Desenhos das letras latino-americanas*, de Saúl Sosnowski –
org. e apres. de Roxana Patiño (maio de 2022)

8. *A arte interessada*, de Mário de Andrade –
org. de Sergio Cohn e André Magnelli, apres. de André Magnelli
(junho de 2022)

9. *Padrões e dilemas*, de Florestan Fernandes –
org. e apres. de Gabriel Cohn (julho de 2022)

10. *Modos de vida civil*, de Gabriel Cohn –
apres. de Eduardo Rinesi (novembro de 2022)

ÍNDICE

Pent Monog
COFFEA ARABICA
(Tab 10)

APRESENTAÇÃO
POR ROXANA PATIÑO

Introduzir a leitura de uma obra como a de Saúl Sosnowski (Buenos Aires, 1945) nos remete a um das marcas de identidade mais notáveis entre os intelectuais latino-americanos que se revelaram com maior pujança desde o último terço do século XX e do que até agora percorremos do século XXI. Refiro-me a esses intelectuais que atuam como grandes *religadores*, como armadores de tramas diaspóricas e migratórias que, em seus itinerários dentro e fora das fronteiras nacionais e continentais, deixaram a marca indelével de uma conversa americana na literatura, nas artes, na sociedade e na política. Seja devido aos exílios das ditaduras que varreram as democracias sul-americanas, seja devido à busca de horizontes que não podiam ser expandidos devido às nossas precárias condições regionais – entre algumas outras circunstâncias –, o certo é que, se quiséssemos fazer um itinerário dos valiosos jovens que atravessaram numerosas fronteiras a partir dos anos 1960-1970, o mapa seria conformado como um rizoma multidirecional que, não obstante sua diversidade, mostraria uma chave borgiana: falar de nós mesmos sabendo que a cultura universal nos pertence.

Este fluxo de escritores e acadêmicos em formação ou já formados em seus próprios países coincidiu com o vasto movimento de internacionalização que provocou não apenas a expansão da literatura latino-americana além de suas fronteiras regionais – conhecido na época como o *"boom"* –, como também a esperada expansão acadêmica de seus estudos, particularmente nos Estados Unidos e na Europa. Apesar de ser bem-vinda, esta disseminação não se tornou, necessariamente, uma empresa livre de obstáculos. Em cada caso, as tensões inerentes a qualquer campo cultural ou intelectual tiveram que ser enfrentadas, no qual o espaço universitário se destaca por sua notória tendência para a conservação das hegemonias disciplinares com longas raízes dentro de uma tradição. Os estudos literários da América Latina foram, naqueles anos e apesar de seu *boom* editorial, uma área emergente e, na maioria dos casos, subalterna aos chamados *"Hispanic Studies"* [Estudos Hispânicos] – no caso dos EUA –, nos quais a literatura espanhola e sua prestigiosa tradição marcavam o pulso das prioridades. As disputas disciplinares sempre mantiveram um tenso tratamento de suas mudanças de rumo. A transição dos "Estudos Hispânicos" para os "Estudos Latino-Americanos", em sua variedade de denominações nas diversas academias internacionais, tem muito a agradecer ao trabalho rico e sistemático desses professores na consolidação e no deslocamento dessas fronteiras, se observarmos a fecundidade desse campo de estudos desde o último terço do século XX até os dias de hoje. Além das atuais e diversas designações, é claro que, sem este percurso, os estudos literários latino-americanos não teriam a solidez e a consolidação internacional que têm hoje.

Pelo viés de certo anacronismo extraído do presente, e levando em conta as realizações dos intelectuais, podia-se entender que a tarefa daquela diáspora foi menos difícil de suportar. Entretanto, gostaria de chamar a atenção para o fato de que, visto em perspectiva ao longo de tantos anos, essa tarefa foi, em certo sentido, uma "*patriada*", que é a forma como chamamos, em nossas nações, aquele gesto em que, a cada passo adiante, está em jogo uma pequena ou grande ação, não importa quanto esforço nos custe. Num mais além de si mesmos e dos relativos sucessos profissionais, esses intelectuais estavam comprometidos, acima de tudo, em manter a chama americana em cada verso ensinado e em cada texto transmitido para as fronteiras estrangeiras.

Por outro lado, este esforço também pode ser valorizado na vontade de manter os vínculos com suas áreas de origem, em um movimento centrípeto que religa, a partir de fora, os vínculos internos de uma América Latina desmembrada por políticas totalitárias ou desagregadoras de projetos continentais comuns. A sucessão de encontros organizados para refletir sobre temas importantes de nossa literatura, em estreita conexão com a história, a sociedade e a política da região, multiplicou-se ao longo das décadas e se fizeram, às vezes, de pontes simbólicas com uma grande pátria à qual nunca deixaram de pertencer.

Ao longo de sua valiosa carreira, Saúl Sosnowski pode representar claramente o grupo de intelectuais e professores desta geração que estou tentando descrever em seus principais traços. Sua mudança precoce para os EUA em meados dos anos 1960 para realizar seus estudos de graduação e pós-graduação em literatura hispano-americana revelou rapidamente o perfil de um acadêmico rigoroso que, no início dos anos 1970, já estava iniciando sua carreira docente no mesmo sistema universitário estadunidense, inserindo-se com nítida presença no debate em curso pela consolidação dos estudos literários latino-americanos. Tanto seus dois livros iniciais sobre Cortázar (1973) e Borges (1976) – como veremos adiante –, quanto a fundação da revista *Hispamérica* (1972), que acaba de celebrar seu quinquagésimo ano de publicação ininterrupta, marcam a potência de um crítico literário que se estabeleceu desde o início como um dos grandes intérpretes de sua literatura e também das vicissitudes atravessadas por sua cultura e que foram confirmadas nos anos seguintes.

A consolidação de um *corpus* literário que inclui escritores consagrados e emergentes; a ampliação e inclusão dos marginalizados; a reflexão aguda em torno do estado de nosso discurso crítico; as contribuições sobre a relação entre literatura e exílio; a recuperação da cultura no marco das pós-ditaduras latino-americanas e das políticas culturais necessárias para estes processos; o olhar focado, mas integrador, sobre os escritores judeu-latino-americanos: esses são os principais núcleos em que podem ser identificadas as suas contribuições mais notáveis. Alguns desses temas também estão presentes em seus dois romances recentes: *Decir Berlín, decir Buenos Aires* (2020) e *El país que ahora llamaban suyo* (2021). O livro que é oferecido aqui ao leitor, que tenho o prazer de apresentar, contém um conjunto de textos críticos e ensaísticos que cobrem estes principais campos de preocupação e reflexão, aqueles que o acompanharam ao longo de sua vida.

Foi um privilégio para mim testemunhar uma parte importante desse itinerário, primeiro como estudante e depois como colaboradora em múltiplas iniciativas em torno dessas questões. Quando fui convidada pelos organizadores desta coleção e pelo próprio autor para escrever o prefácio deste trabalho, lembrei-me imediatamente de que foi na Universidade de Maryland, College Park (EUA) – uma instituição que deu acolhida tanto a Sosnowski ao longo de sua carreira acadêmica quanto a meus estudos de doutorado sob sua orientação – onde conheci Darcy Ribeiro. Isto não foi coincidência, aliás, porque o professor brasileiro esteve presente como principal convidado em um encontro para debater a transição da ditadura para a democracia no Brasil, juntamente com outros grandes intelectuais latino-americanos, convocado por Saúl Sosnowski como parte de um projeto maior ligado ao debate sobre a situação da cultura nos processos de transição da ditadura para a democracia na Argentina, Brasil, Chile, Paraguai e Uruguai. A importância desta série de encontros, e dos cinco volumes publicados entre 1987 e 1994 em torno deles, não foi igualada nesta magnitude. Trata-se do trabalho mais importante realizado sobre a repressão e a reconstrução das culturas da região no final do século XX, o que fez Sosnowski ser reconhecido como um dos maiores promotores da cultura democrática na América Latina.[1] Sintonias

---

1 Esta parte importante da obra de Saúl Sosnowski, que não será representada neste volume por não estar estritamente ligada à crítica literária, consiste na publicação de uma série de livros que são o resultado de uma sucessão de encontros com intelectuais na Universidade de Maryland, College Park, EUA, bem como nos respectivos países, a fim de discutir sobre estes processos pós-ditatoriais. Ver: *La cultura uruguaya: Represión, exilio y democracia*. Montevideo: Ediciones de la Banda Oriental, 1987, edição e prefácio; *Argentina: Represión y reconstrucción de la cultura*. Buenos Aires: Editorial Universitaria de Buenos Aires (EUDEBA), 1988, edição e prefácio; *Cultura, autoritarismo y redemocratización en Chile*. Santiago: Fondo de

que não se perdem, laços que se tecem ao longo dos anos e que nos unem novamente, desta vez convocados por um empreendimento editorial sob o patronato de Darcy Ribeiro.

Como mencionei acima, este volume oferece aos leitores um conjunto de textos de Saúl Sosnowski que pertencem a espaços fulcrais de sua obra como um dos mais destacados críticos literários latino-americanos. Gostaria de inserir cada um deles nestas linhas com a intenção de que possam ser lidos dentro do fértil entremeado no qual estão inseridos.

Uma primeira linha poderia ser traçada em torno de suas primeiras e profundas obras sobre grandes escritores da literatura latino-americana, tais como Borges e Cortázar.[2] Com os dois autores, Sosnowski inscreve em sua pesquisa crítica uma busca

---

Cultura Económica, 1993, co-edição com Manuel Antonio Garretón e Bernardo Subercaseaux; *Brasil: o trânsito da memória*. São Paulo: Editora da Universidade de São Paulo (EDUSP), 1994, co-edição com Jorge Schwartz; *Hacia una cultura para la democracia en el Paraguay*. Asunción: Dirección de Cultura, Municipalidad de Asunción e Centro de Documentación y Estudios, 1994, co-edição com Line Bareiro e Ticio Escobar. Como fechamento deste projeto e abertura de um novo, ver: *Una cultura para la democracia en América* Latina, México, Fondo de Cultura Económica, 1999, co-edição com Roxana Patiño.

2 Ver: *Julio Cortázar: Una búsqueda mítica*. Buenos Aires: Ediciones Noé, 1973; *Borges y la Cábala*. Buenos Aires: Ediciones Hispamérica/Z, 1976 (2ª edición revisada, Buenos Aires, Pardés, 1986; 3ª edición revisada, Buenos Aires, Modesto Rimba, 2017, 2021); *Borges y la Cábala: La búsqueda del Verbo* teve sucessivas reedições (1986 e 2017), assim como traduções para o português (São Paulo, Perspectiva, 1991) e o alemão (Europäische Verlagsanstalt, 1992). Além disso, teve uma edição para bibliófilos em conjunto com a artista Mirta Kupferminc: *Borges y la Cábala: senderos del Verbo*. Buenos Aires: Artes Gráficas, 2006; edição fac símile, Madrid, Centro de Arte Moderno, 2015.

original que sempre procura ler nos autores que estuda; uma leitura que é, diria eu, "fora da caixa". Desta forma, ele se distancia daquela zona ofuscada pelas estreitezas dos lugares comuns dos estudos que marcam os enviesamentos mais visíveis na escrita de um autor aclamado. A cabala e o mito em escritores que foram destacados pelo culto ao artifício e à experimentação é a resposta dada pela leitura de Sosnowski. Estes dois livros que iniciam sua trajetória possuem precisamente a marca identificadora de sua investigação crítica, aquilo que está além do evidente à luz do que é legível de um autor em um determinado estado da disciplina e de seus sistemas de opções. Um olhar aguçado auscultando além da distribuição das tarefas ideológico-estéticas que pesam na determinação de um "rótulo" sobre as características definidoras da obra de um autor.

Cortázar[3] e Borges[4] são escritores que estão continuamente

---

3 Entre os numerosos trabalhos sobre Cortázar, destaco: "Los ensayos de Julio Cortázar: Pasos hacia su poética", *Revista Iberoamericana* [Pittsburgh], 8485 (1973), p. 657-66; "Imágenes del deseo: El testigo ante su mutación ('Las babas del diablo' y 'Apolocalipsis de Solentiname,' de Julio Cortázar)", *Sábado Suplemento Literario de Uno más uno* [México], 144 (1980); reproduzido em *Inti*, 1011 (1979-1980), p. 937; "Cortázar, necesario", *Tlön, Uqbar, Orbis Tertius* [Universidad Nacional de La Plata, Argentina], IV, 7 (2000), p. 187-96; *Julio Cortázar: obra crítica*. Buenos Aires-Madrid: Alfaguara, 1994, vol. 3, seleção e prefácio; "Cortázar crítico: la razón del deseo", prólogo a Julio Cortázar, *Obra crítica*, Vol. VI de Julio Cortázar, *Obras completas*, Barcelona, Círculo de lectores-Galaxia Gutenberg, 2006, p. 9-37; "'El que vuelve' está en casa: Buenos Aires en Cortázar", *Casa de las Américas*, 278 (2015), p. 97-101; *Lecturas y relecturas de Julio Cortázar*, Vanina Colagiovanni, ed., Buenos Aires, Ministerio de Cultura de la Nación, Secretaría de Gestión Cultural, 2015, p. 169-74.
4 Entre os valiosos textos sobre Borges, destaco: "Tlön, Uqbar, Orbis, Tertius›: Historia y desplazamiento", *Eco* [Bogotá], 203 (1978), p. 15664; "Memorias de Borges

presentes na trajetória crítica de Sosnowski, e este viés permanece na escolha deste olhar acima dos protocolos de leitura estabelecidos. *Memórias de Borges (artifícios da história)*, texto selecionado para este volume, visa, por exemplo, ressaltar que a relação genuína de Borges com a história tem sido amplamente negligenciada por uma crítica que caiu no equívoco de associar esse vínculo com o cânone da representação realista, tão distante da estética de Borges. Sosnowski recupera neste texto uma fibra potente no tecido de vários escritos borgianos relacionados à Segunda Guerra Mundial, ao nazismo e ao fascismo, a fim de demonstrar que o autor argentino nunca ficou indiferente à interferência da história.

Por sua vez, *Cortázar, necessário* é uma reflexão sobre um dos escritores que Sosnowski sente como sendo o mais próximo a ele e a quem dedicou muitos de seus trabalhos. Este texto, em particular, não trata de aspectos específicos de sua obra na forma como ele os trata na maioria de seus estudos críticos, mas tem a virtude de integrar toda sua obra, demonstrando um conhecimento agudo

---

(Artifícios de la literatura)", *Variaciones Borges* [Aarhus, Denmark], 10 (2000), p.79-95; "Memorias de Borges", Saúl Sosnowski & Horacio Salas, comps. *Borges y yo: diálogo con las letras latinoamericanas*. Buenos Aires: Fondo Nacional de las Artes, 2000, p. 287-90; "Borges and the Kabbalah: Pre-Text to a Text", Amalia Ran e Jean Axelrad Cahan, eds., *Returning to Babel: Jewish Latin American Experiences, Representations and Identity*. Leiden: Brill, 2012, p. 105-20; Versão em português: "Borges e a Cabala: Pré-textos para um texto", *NIEJ-Núcleo Interdisciplinar de Estudos Judaicos* [Universidade Federal do Rio de Janeiro], IV, 6 (2012), p. 13-8; "Borges y la escéptica fe del incrédulo", Ruth Fine y Daniel Blaustein, eds., *La fe en el universo literario de Jorge Luis Borges*, Hildesheim, George Olms Verlag / The Van leer Jerusalem Institute, 2012, p. 177-83.

e integrador, que não cansa o leitor e, ao contrário, o encoraja a ler o que ele ainda não leu. Sobretudo porque, em um gesto que o artigo anterior também possui, Sosnowski despreza todo o "encaixotamento" que a proliferação crítica produziu em seu "afã classificatório" e faz um sobrevoo magistral que não tem nada de rasante; ao contrário, a altura de suas afirmações permite a sutura, o vínculo dos diferentes momentos da trajetória cortazariana e, reconhecendo seus contrastes, torna possível encontrar as chaves internas de uma escrita cujo jogo criativo sempre abrigou um profundo compromisso com o humano.

Uma segunda linha que gostaria de destacar neste volume diz respeito às contribuições fundamentais de Sosnowski para o campo dos estudos críticos da literatura hispano-americana. Este estudo cobre pelo menos duas décadas de sua reflexão, a dos anos 1980 e 1990, que são marcadas pela pesquisa sistemática dos diferentes tipos e abordagens das correntes críticas nos estudos literários; pela formação do cânone nos *corpus* nacionais e continentais; pela trajetória dos discursos teóricos e sua influência na configuração das historiografias literárias; e pelos principais debates em torno de uma "nova crítica literária latino-americana", entre os principais aspectos. Numerosos seminários e artigos registraram esta pesquisa sustentada ao longo de duas décadas, alguns ainda mais precoces, nos anos 1970, o que marca uma preocupação transversal em sua trajetória crítica.[5]

---

5 Em relação com esta linha de pesquisa, ver principalmente: "La crítica literaria, hoy", *Texto crítico* [Xalapa, Ver., México], 6 (1977), p. 326; "Lectura sobre la marcha de una obra en marcha", *Revista de crítica literaria latinoamericana* [Lima], VII, 14

O texto *Cartografia e crítica das letras hispano-americanas*, oferecido neste volume, é de especial valor, pois é uma das partes mais importantes deste conjunto maior de escritos mencionados. O texto foi escrito como uma introdução a uma grande obra na produção de Sosnowski e, diria sem medo de me equivocar, ele é uma obra única em seu gênero, pois constitui o esforço mais importante até hoje para registrar, analisar e avaliar a produção crítica e historiográfica da literatura latino-americana durante a segunda parte do século XX. Trata-se de quatro volumes da *Lectura crítica de la literatura americana*, que ele editou entre 1996 e 1997.[6] Uma antologia necessária que demonstra a importância

---

(1981), p. 191236 (publicado também em *Más allá del boom. Literatura y mercado*, Angel Rama, comp., México, Marcha Editores, 1981, p. 191-236); "Sobre la crítica literaria hispanoamericana", *Cuadernos hispanoamericanos* [Madrid], 443 (1987), p. 143-59 (versão em inglês: "Spanish-American Literary Criticism: The State of the Art", Christopher Mitchell, ed., *Changing Perspectives in Latin American Studies: Insights from Six Disciplines*, Stanford, Stanford University Press, 1988); "Crítica literaria hispanoamericana en Estados Unidos: Visiones desde la periferia", *Revista de crítica literaria latinoamericana* [Lima], XVI, 31-32 (1990), p. 267-89; "La parcelación del saber: Apuntes sobre 'el canon' y la crítica literaria hispanoamericana en los Estados Unidos", *Nuevo texto crítico* [Stanford], VII, 14/15 (1995), p. 99-106; La 'nueva' novela hispanoamericana: ruptura y 'nueva' tradición", in: *América Latina: palavra, literatura e cultura*, vol. III: Vanguarda e modernidade, Ana Pizarro, coord., São Paulo, UNICAMP-Memorial da América Latina, 1995, p. 393-412; "La construcción de historias literarias desde el ejercicio del poder", *Literatura y poder*, Christian De Paepe, Nadia Lie, Luz Rodríguez-Carranza & Rosa Sanz Hermida, comps., Leuven, Leuven University Press, 1995, p. 101-06.

6 Sosnowski, Saúl (org.) *Lectura crítica de la literatura americana*. Caracas: Biblioteca Ayacucho, Vol. I: *Inventarios, invenciones y revisiones*, 1996; Vol. II: *La formación de las culturas nacionales*, 1996; Vol. III: *Vanguardias y tomas de posesión*, 1997; Vol. IV:

de estudar a formação de nosso próprio discurso crítico, suas modulações e debates, assim como as contribuições de seus principais representantes.

O texto não perdeu sua relevância vinte anos após sua publicação, sendo um material para consulta e estudo nos círculos acadêmicos, tendo sido recentemente republicado.[7] É um trabalho de crítica acadêmica cuja fonte tem sido as publicações de livros e revistas na América Latina, nos EUA e na Europa. Ele propõe um estudo necessário da parte da crítica literária latino-americana que, proporcionalmente àquela gerada no início do século XX, cresceu em quantidade e complexidade a partir dos anos 1960 em diante, fenômeno que se estende também à historiografia literária, cujos projetos e tradições foram reformulados no mesmo período. Sosnowski se coloca no lugar do precário equilíbrio de qualquer antologista: ele sabe que deve manter seu gesto distante de suas próprias preferências; sabe que a suposta "objetividade absoluta" é uma miragem na qual os estudos literários não se embriagam; e sabe que a cartografia desenhada no final da viagem nunca pode iludir o caminho de nossas próprias leituras. Por esta razão, ele se propõe a apresentar uma série de "paradigmas" a partir dos quais articula a diversidade de abordagens críticas com o maior esforço para dar-lhes uma representação plural em suas páginas.

Actualidades fundacionales, 1997, Seleção, prólogo e notas ("Cartografía y crítica de las letras hispanoamericanas", p. IX-XCI).

7 Ver: Sosnowski, Saúl (2015) *Cartografía de las letras hispanoamericanas: tejidos de la memoria*. Córdoba: EDUVIM, 2015. O livro recebeu o prêmio «Ezequiel Martínez Estrada», *Casa de las Américas*, Havana, 2018.

Há uma primeira demarcação do autor que é importante destacar: Sosnowski ressalta a conjunção não arbitrária entre a literatura e a política ocorrida naquele gatilho ou *"boom"* da narrativa latino-americana, que foi acompanhado pelo pensamento crítico e por acontecimentos políticos que, representados pela Revolução Cubana, colocaram a América Latina no centro da cena internacional e, ao mesmo tempo, fizeram com que a literatura latino-americana deslocasse o "meridiano cultural" do Ocidente para nossas terras, algo tão procurado e debatido desde o Modernismo e ao longo do século XX. Como uma espécie de última fronteira diante da exaustão do Ocidente pelas guerras, a América Latina, sua sociedade e sua cultura, ofereceu o horizonte do novo como um fundamento em diferentes ordens. Se o Modernismo e as Vanguardas propuseram isso de forma limitada, desta vez o impacto chegou a fronteiras mais longínquas. Sosnowski aponta que o risco da extensa cobertura desse *boom*, que o marketing reduziu a seus protocolos, resultou na homogeneização de um fenômeno muito mais heterogêneo e complexo. Neste sentido, o esforço de crítica irá contribuir para este necessário desmembramento da diversidade. Por sua vez, o esforço do autor para integrar de forma equilibrada os temas, as tendências críticas, os autores, os debates, bem como o impacto da volumosa *Lectura crítica de la literatura americana* – da qual o texto é, como dissemos, seu prefácio –, são a prova de que o ambicioso empreendimento atingiu seu objetivo.

A terceira linha que gostaria de destacar diz respeito aos valiosos estudos sobre a literatura judaico-latino-americana, com ênfase especial na literatura argentina. Uma obra anterior de sua autoria anuncia esta linha de consulta: *La orilla inminente: escritores judíos-argentinos* (1987).[8] Sosnowski é um dos principais especialistas neste campo, com uma reflexão decantada ao longo de uma produção volumosa que, como nas linhas anteriores, se estende ao longo de sua trajetória intelectual.[9] Esta reflexão

<hr>

8 Sosnowski, Saúl (1987) *La orilla inminente: Escritores judíos-argentinos*, Buenos Aires, Legasa.

9 Dentro desta extensa produção crítica e ensaística, vale a pena mencionar: "Contemporary Jewish Argentine Writers: Tradition and politics" *Latin American Literary Review* [Pittsburgh], VI, 12 (1978), p. 114; "Literatura judeo-latino-americana: sobre fronteras étnicas y nacionales," *Punto de vista* [Buenos Aires], VII, 25 (1985), p. 179.Versão em "Latin American Jewish Literature: On Ethnic and National Boundaries", em *Folio* [Brockport, NY], 17 (1987), p. 18; "Sobre el inquietante y definitorio guión del escritor judeo-latinoamericano," AA.VV., *Pluralismo e identidad. Lo judío en la literatura latinoamericana*, Buenos Aires, Milá, 1986, p. 31-43; "Latin American-Jewish Writers: Protecting the Hyphen,", em *The Jewish Presence in LatinAmerica*, J. Laikin Elkin and G. W. Merkx, eds., Boston, Allen &Unwin, 1987, p. 297-308; "América Latina en la mirada de la escritura judía-latinoamericana: Utopía y realidad", J. G. Gómez, B. Gutiérrez-Girardot, R. Zuleta, eds., *Caminos hacia la modernidad. Homenaje a Rafael Gutiérrez Girardot*, Frankfurt am Main, Vervuert Verlag, 1993, p. 205-13; "Memoria, utopía y política: literatura judía-latinoamericana", *Espejo de paciencia* [Las Palmas de Gran Canaria], I, 1 (1996), p. 9-13; "El campo intelectual judeo-argentino ante la violación de los derechos humanos en la Argentina", L. Senkman, M. Sznajder & E. Kaufman, comps., *El legado del autoritarismo. Derechos humanos y antisemitismo en la Argentina contemporánea*, Buenos Aires, Grupo Editor Latinoamericano, 1995, p. 273-82; "Nuevas fronteras: 'Israel 1967' en las letras judías-latinoamericanas", *Revista iberoamericana*, LXVI, 191 (2000), p. 263-78; "Jewish Literary Culture in Latin America," M. J. Valdés and D. Kadir, eds., *Literary Cultures of Latin America. A Comparative History*, Oxford, Oxford University Press, 2004, vol. I, p. 264-72; "Sin desierto y sin tierra prometida: 40 años de literatura judía-latinoamericana", H. Avni, J. Bokser Liwerant, S. Della Pergola, M. t Bejarano, L. Senkman, coords., *Pertenencia y alteridad. Los judíos de América Latina - Cuarenta años de cambios*, Madrid-Frankfurt, Iberoamericana-Vervuert, Bonilla Artigas Editores, 2011, p. 709-18; "Una identidad en la zona de las

é representada neste volume pelo texto *Fios, Traços, Pontes: percursos da literatura judaico-latino-americana*. A primeira parte deste ensaio revela uma voz na primeira pessoa que até agora não tínhamos reconhecido tão claramente. Uma forte definição de identidade como "argentino-judaico-latino-americano". "Sua sequência não é acidental", afirma Sosnowski (ver, p. 173); mas a isso se somam as décadas nos EUA e sua integração no mundo latino. E nesta definição polifônica encontro também a chave da leitura que tentei registrar nos textos anteriores:

> Tenho apelado e continuo apelando para fios e tramas, para fronteiras, caminhos e pontes ao retraçar um texto. Foi assim que me ensinaram a fazê-lo no idioma que se escreve da direita para a esquerda [o hebraico]; é por isso que tenho a tendência de procurar em cada palavra o que não é aparente, de imaginar o que está entre letras e linhas, de ligar os itinerários nos quais me assentar. Uma maneira de me sentir em casa com o que sou (ver p. 174-175).

Eis aqui uma definição que perfura os textos, a ponto de penetrá-los e atravessá-los a partir de sua própria experiência, buscando neles o que eles não mostram e que, às vezes, os

múltiples", in: V. Dolle, ed., *Múltiples identidades. Literatura judeo-latinoamericana de los siglos XX y XXI*, Madrid/Frankfurt, Iberoamericana/Vervuert, 2012, p. 43-50; "Margo Glantz: Inscribing Histories", in: *Critical Approaches to Jewish-Mexican Literature*, D. B. Lockhart, ed., Tempe, AZ, Chasqui, 2013, p. 42-51. "Prodigar la diferencia: lectura de Carlos M. Grünberg", *Cuadernos de literatura* [Bogotá], XX, 39 (2016), p. 388-96.

                                                        SAÚL SOSNOWSKI

críticos consentem em não ler. Neste caso, trata-se dos escritos de três argentinos: *Los gauchos judíos* (1910), de Alberto Gerchunoff (1889-1950); *Requiem para un viernes a la noche* (1964), de Germán Rozenmacher (1936-1971); e *Ser judío* (1967), de León Rozitchner (1924-2011). Sosnowski tece uma trama entre eles e ao mesmo tempo, por possuir a maestria de alguém que passou por centenas desses textos, sintetiza o alcance e os limites do que pode ser entendido como "literatura judaica-latino-americana".

Finalmente, gostaria de destacar uma quarta linha que começou desde o início do itinerário intelectual de Sosnowski, o acompanha até hoje e, esperamos todos os seus leitores, continuará fazendo por muitos anos. Este sulco fértil é aberto pela *Hispamérica, revista de literatura*, nascida em 1972 e agora com "cinquenta anos", tendo 150 números publicados em absoluta continuidade, em uma tarefa que não tem feito outra coisa senão estabelecer, incessantemente, vínculos entre escritores e críticos dedicados à nossa literatura, sem qualquer distinção de fronteiras. A *Hispamérica* estabeleceu pontes inevitáveis entre literatura e crítica, entre norte e sul, entre enfoques e tendências que são pensadas a partir de diferentes espaços da literatura hispano-americana e com textos tanto de autores consagrados quanto daqueles que logo terão merecido a atenção de outros leitores. Tendo em vista o espaço limitado desta Apresentação, renuncio a dar conta da magnitude desta publicação e do impacto que ela teve sobre escritores, leitores, professores e estudantes ao longo das décadas; prefiro remeter aqueles que adentram neste livro a uma homenagem recente que, juntamente com outros colegas, realizamos estudando a revista.[10]

O texto *"Presente em minha ausência: sempre com Hispamérica"*, incluído neste volume, é parte de uma apresentação feita por Saúl Sosnowski por ocasião da comemoração dos 45 anos da revista no Congresso do CELEHIS (Centro de Letras Hispanoamericanas), na Universidade Nacional de Mar del Plata, Argentina, em novembro de 2017. Nele podem ser encontradas as chaves de sua filosofia e a razão de sua vigência. É um valioso relato em primeira pessoa da experiência inigualável que Sosnowski já compartilha com os grandes criadores das revistas históricas de nossa América: tecendo as tramas de nossa literatura com a paixão e a tenacidade dos grandes formadores de sua cultura.

Espero ter oferecido aos leitores de *Desenhos das letras latino-americanas* uma boa porta de entrada para escritos tão valiosos. Agradeço à Fundação Darcy Ribeiro por publicá-la e por me permitir prefaciá-la. O leitor encontrará na escrita lúcida de Sosnowski uma pulsão vital que é um convite para abraçar entusiasticamente suas *patriadas*, como muitos de nós que compartilhamos seu caminho já o fizemos.

Roxana Patiño
Córdoba, Argentina, maio de 2022

---

10 Ver: Roxana Patiño, "*Hispamérica* y la crítica literaria", Dossier: "*Hispamérica*: cuarenta y cinco años", In: Roxana Patiño (ed.) *Revista Estudios de Teoría Literaria. Revista digital: artes, letras y humanidades,* nº 14, 2018. Universidad. Nacional de Mar del Plata, p. 55-68. https://fh.mdp.edu.ar/revistas/index.php/etl/issue/view/135/showToc.

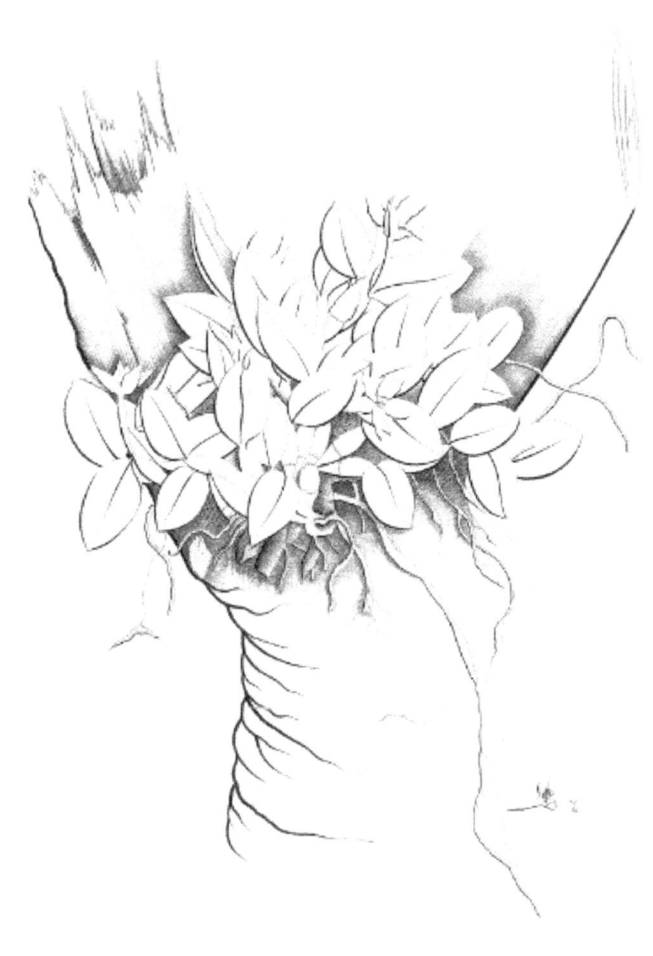

Gynand. Diand.

EPIDENDRUM HUMILE

(Tab. 24)

Polyand Monog
NYMPHÆA NELUMBO
(Tab. 95)

CARTOGRAFIA E CRÍTICA DAS LETRAS HISPANO-AMERICANAS

Somente a memória histórica será capaz de julgar se as últimas décadas do segundo milênio vão merecer alguma atenção em um futuro qualquer. Mas, como toda nossa história se reduz a essas e à soma de muitas outras imprecisões do tempo cronológico, cabe-nos esperar que o leitor seja capaz de desculpar a impaciência com esta distância e a vontade de dar conta de um exercício das letras em terras que ainda conjugam todas as suas idades. Alguém, que certamente perdurará, nos ensinou que vivemos, como sempre, no fim dos tempos. Se é certo, também, que apenas as transições nos foram legadas, desenhar (ou tão somente delinear) as formas que caracterizaram uma ampla franja cultural destas etapas é não apenas legítimo, como também útil.

A produção crítica hispano-americana cresceu rapidamente a partir dos anos 1960, e adquiriu um valor singularmente dramático quando comparado ao que foi publicado desde o início das críticas literárias na região até meados do século XX. Como nos mostram os anos pródigos em transformações, todo mapa reproduz o sentido íntimo do provisório. O que surge da leitura destes materiais não é alheio a este sentir. Respondendo a algumas propostas narrativas recentes, seu desenho torna explícitos os critérios de seleção e valoração. Além disso, ele põe em jogo um regime de opções que não renuncia nem ao gosto nem à predileção pelas páginas que sustentam o poder da palavra e de seu mundo; um regime que, por outro lado, tampouco renuncia à responsabilidade e ao diálogo como ingredientes próprios a qualquer sistema interpretativo.

O panorama da crítica literária hispano-americana produz um balanço extremamente positivo como resultado dos valiosos avanços que foram produzidos nas últimas décadas do século XX. A fim de facilitar a análise de suas propostas e poder contemplar suas repercussões tanto nos espaços universitários quanto na esfera social mais ampla – um dos objetivos deste projeto –, foi necessário distinguir as abordagens utilizadas em centenas de artigos, notas e livros que foram publicados, em grande parte, nas Américas e na Europa. Embora pareça que as histórias nacionais – algumas delas surpreendentemente volumosas – teriam conseguido esgotar o repertório de seus respectivos países, é importante salientar que foi somente a partir dos anos 1960 que a análise da produção latino-americana se acelerou em proporções inéditas até então.[1] Como é confirmado pelas bibliografias anuais da PMLA (*Pu-*

---

1 Os trabalhos mais recentes se distanciaram geralmente de modelos críticos aliados a projetos oligárquicos e ao culto ao hispanismo. Um exemplo paradigmático desta tendência é a volumosa *Historia de la literatura argentina*, de Ricardo Rojas (oito volumes publicados entre 1917 e 1922). Quanto às histórias literárias, a Biblioteca do Congresso dos EUA [Washington, DC] gera 989 registros bibliográficos para a

blications of the Modern Language Association), do *Hispanic American Periodicals Index* e, com maior escrutínio, do *Handbook of Latin American Studies*, o ritmo febril das publicações não diminuiu. Este fenômeno, intimamente ligado a fatores literários e sócio-políticos, coincidiu com reflexões teóricas que redimensionaram qualquer abordagem do texto literário e de seus mecanismos de produção.

A confluência destes elementos pode ser vista em um conglomerado heterogêneo que reformula a história das literaturas hispano-americanas para a segunda metade do século XX. Sua leitura

---

entrada "Literatura Latino-Americana - História", incluindo programas oficiais, histórias analíticas, panoramas nacionais e continentais. Nesta última categoria, uma das mais utilizadas tem sido a *Historia de la literatura hispanoamericana*, de Enrique Anderson Imbert (2 volumes, México, FCE, 1ª edição, vol. I: 1954; vol. II: 1961 (existem edições posteriores). Outras obras incluem: Fernando Alegría, *Historia de la novela hispanoamericana*. México: de Andrea, 1965; Jean Franco, *Introducción a la literatura hispanoamericana*. Caracas: Monte Ávila, 1970 (1ª edição em inglês, 1969), e *Historia de la literatura hispanoamericana a partir de la independencia*. Barcelona: Seix Barral, 1975; Cedomil Goic, *Historia de la novela hispanoamericana*. Valparaíso: Ediciones Universitarias de Valparaíso, 1980; Cedomil Goic (org.) *Historia y crítica de la literatura hispano-americana*, Vol. I: Época colonial, 1988; Vol. II: Del romanticismo al modernismo, 1991; Vol. III: Época contemporánea. Barcelona: Crítica, 1988; Luis Íñigo Madrigal (org.) *Historia de la literatura hispano-americana*, vol. I: Época Colonial, 1982; vol. II: Del neoclasicismo al modernismo. Madrid: Cátedra, 1987; Luis Alberto Sánchez, *Proceso y contenido de la novela hispano-americana*. Madrid: Gredos, 2ª ed. corrigida e ampliada, 1968. Um trabalho pioneiro foi realizado por Arturo Torres Rioseco, *Historia de la literatura iberoamericana*. Nova Iorque: Las Américas, 1965 (1ª ed. em inglês, 1942). Uma obra fundamental: Pedro Henríquez Ureña, *Las corrientes literarias en la América Hispánica*. México: FCE, 1949. Para este registro, a obra de Beatriz González Stephan é bem importante: *Contribución al estudio de la historiografía literaria hispanoamericana*. Caracas: Biblioteca de la Academia Nacional de la Historia, 1985.

permitirá não apenas constatar as múltiplas abordagens dos textos literários, como também derivar versões igualmente múltiplas das tradições literárias. Trata-se de uma dupla inflexão, portanto, que, por um lado, destaca e recorta textos parciais e, por outro, os reúne em um grande texto definido pela contemporaneidade lançada em direção ao passado.

Em 1979, apresentei um balanço da crítica literária hispano-americana na reunião da *Asociación de Estudios Latinoamericanos* (LASA).[2] Assumindo plenamente o lugar a partir do qual

2 Publicado como "Spanish-American Literary Criticism: The State of the Art", em Christopher Mitchell, ed. Insights from Six Disciplines, Stanford, CA, Stanford University Press, 1988, p. 164-82, 217-25. Versão espanhola: "Sobre la crítica de la literatura hispanoamericana: Balance y perspectivas", em *Cuadernos hispanoamericanos*, 443 (maio de 1987), p. 143-159. Nesta ocasião, citei como alguns antecedentes, entre outros, os seguintes trabalhos: "La crítica literaria, hoy", *Texto crítico*, III, 6 (1977), p. 636 (responderam Enrique Anderson Imbert, Antonio Cornejo Polar, José Pedro Díaz, Roberto Fernández Retamar, Margo Glantz, Domingo Miliani, José Miguel Oviedo e Saúl Sosnowski); Hugo Achugar, "Notas para un debate sobre la crítica literaria latinoamericana", *Casa de las Américas*, XIX, 110 (1978), p. 318; Jean Franco, "Trends and Priorities for Research on Latin America in the 1980s (Latin American Literature)", *The Wilson Center Working Papers*, nº 111 (1981), p. 25-35, publicado como "Tendencias y prioridades de los estudios literarios latinoamericanos", em *Escritura*, VI, 11 (1981), p. 720 e em *Ideologies and Literature*, IV, 16 (1983), p. 107-20, em um número especial dedicado a "Problemas para la crítica sociohistórica de la literatura: Un estado de las artes". Na mesma publicação, vale notar perspectivas alternativas em "Para una redefinición culturalista de la crítica literaria latinoamericana" de Hernán Vidal (p. 121-32) e "Crítica de una crisis: Los estudios literarios hispanoamericanos" de René Jara (p. 330-52). A estes acrescento agora um esforço anterior: Joseph Sommers, "Research in Latin American Literature: The State of the Art; A Round Table", *Latin American Research Review*, VI, 2 (1971), p. 85-124, com a participação de Fernando Alegría, José Juan

trabalho, ou seja, o de uma universidade estadunidense, este primeiro trabalho me levou a repensar uma série de questões sobre os parâmetros a partir dos quais a função crítica é pensada e suas múltiplas e conflitantes variantes são enunciadas. Além de sinalizar as condições impostas por esses espaços, particularmente aqueles circunscritos ao mundo universitário, me propus a marcar algumas das mudanças produzidas nas últimas décadas do século XX com base numa seleção de textos que representam instâncias de reflexão, abertura e questionamento dos desenhos que organizam as letras e que, em seu conjunto, remetem à visão múltipla da(s) história(s) literária(s) da região. Uma vez que me resignei ao fato de que a objetividade absoluta não é um patrimônio da raça humana, isso me permitiu manter uma distância cautelosa diante de certas manifestações críticas para não distorcer, por simpatia, esta amostra da produção contemporânea. Tal distância não anula o fato de que toda leitura recompõe e organiza os textos em uma ordem pessoal que não esconde afinidades e que se historiciza na soma global destas páginas. É por isso que elaborei uma série de

---

Arrom, Carlos Blanco Aguinaga, Frank Dauster, Fred Ellison, Ricardo Gullón, Juan Loveluck, Seymour Menton, Allen Phillips, Ivan A. Schulman e Joseph Sommers. Também: Guillermo Sucre, "La nueva crítica", in César Fernández Moreno (org.), *América Latina en su literatura*. México / Paris, Siglo XXI / UNESCO, 1972, p. 259-75; Enrico Mario Santí, "Historia e historia literaria en América Latina", *La Torre*, XXXII, 126 (1984), p. 101-12; o excelente número monográfico dedicado à revisão da crítica (1973-1988) da *Revista de crítica literaria latinoamericana*, XVI, 31-32 (1990) e Grínor Rojo, "Práctica de la literatura, historia de la literatura y modernidad literaria en América Latina", em seu *Crítica del exilio. Ensayos sobre literatura latinoamericana actual*, Santiago, Pehuén, 1990, p. 13-52.

paradigmas para dar conta da multiplicidade de abordagens críticas desenvolvidas nas últimas décadas e para propor, a partir desta mesma seleção, a possibilidade de ler uma visão plural e atualizada de nossas letras. A possibilidade de que isso ocorra serve como um claro testemunho da amplitude e vitalidade da crítica, incluindo a problematização expressa de seu próprio ofício, bem como uma prova adicional do poder e do reconhecimento internacional que o objeto de seu estudo mereceu.

A ênfase deste trabalho está posta na crítica acadêmica, que geralmente é assumida como uma disciplina organizada em torno de uma série de princípios formais e que, em casos extremos, passou a ser considerada independente da história e, até mesmo, da própria literatura com a qual dialoga. Para realizar este balanço, foram compilados livros e periódicos acadêmicos da América Latina, dos EUA e da Europa; salvo algumas exceções, não foram incluídos suplementos literários, semanários ou periódicos mensais para os quais contribuem alguns dos principais intelectuais dos países latino-americanos. Algumas dessas contribuições – como as notas memoráveis no *Sur* [Buenos Aires], as colunas que definiram o impacto de *Marcha* [Montevidéu] ou as páginas exemplares de José Emilio Pacheco em *Proceso* e de Carlos Monsiváis em *Nexos* (para citar dois notáveis exemplos mexicanos); ou, também, como as notas publicadas, em seu tempo, por José Miguel Oviedo em *El Comercio* [Lima] e Tomás Eloy Martínez em *La Nación* e em *Primera Plana* [Buenos Aires] – tendem a ter um rápido impacto no circuito imediato de seus leitores; entretanto, sua vida é efêmera, a menos que sejam compiladas em volumes que garantam sua maior disseminação e disponibilidade. Por outro lado, tais publicações respondem – acima (ou abaixo) das condições próprias de diferentes regimes políticos – a espaços culturais alheios àqueles nos quais a crítica acadêmica está inserida e energizada. Poder-se-ia até argumentar, inclusive, que os suplementos literários chegaram a fazer parte do lazer intelectual que, nos fins de semana, decompõe a novidade em compartimentos diferenciados. Para alguns leitores, a separação do jornal em diferentes partes torna o suplemento ainda mais descartável; para aqueles que frequentam de alguma forma a literatura, tal divisão preenche uma sede antecipada de atualização. Em alguns casos particularmente bem sucedidos – exemplos do mundo de língua inglesa incluem o *Times Literary Supplement* em Londres e o *New York Review of Books* –, o suplemento pode adquirir sua própria independência como órgão de opinião e divulgação, criando um espaço singularmente propício para que controvérsias estéticas e ideológicas sejam dirimidas em suas páginas, e para que sejam feitas incursões em zonas que os puristas acharão muito distantes de qualquer exigência cultural.

CENÁRIOS E FUNÇÕES

Um lugar comum adequado é o ponto de partida para estas considerações. Refiro-me à conjunção nada fortuita entre "política" e "literatura", que tem servido como um gatilho fundamental para que o olhar internacional deslize em direção à América Latina. O triunfo da revolução cubana e a publicação nos anos 1960 de uma constelação de romances magistrais – alguns dos quais represen-

tavam precisamente a projeção da ficção na história e sua inserção
e possível interferência na política – prefiguraram para a América
Latina um lugar de exceção e de singular fluidez histórica diante
do que se prognosticava para outros cenários culturais. A ascensão internacional da literatura hispano-americana fez com que se
descentrasse o eixo da literatura ocidental: trans-oceanicamente,
o *aleph* se estabeleceu em terras americanas e repetiu, assim, em
maior escala a experiência do Modernismo frente à Espanha. O
território originalmente colonizado pelas potências europeias – e
ainda ligado a vários padrões de dependência em relação aos países
desenvolvidos que empregam estratégias cada vez mais transparentes – havia iniciado uma nova etapa subversiva através das letras. O mundo das américas ofereceu alternativas ao esgotamento;
anunciou aventuras e futuros diante de experiências que pareciam
esgotadas; sugeriu as oscilações próprias entre "tradição e ruptura"; propôs uma heterogeneidade incompatível com as reduções e
os encaixotamentos que definem os manuais de literatura; e ofereceu a possibilidade de voltar a usar "novo", "inovador", "novidade",
sem que estes termos se refiram ao último *gadget* de tecnologia.

Com toda a conotação e o impacto de uma súbita irrupção,
o *boom* franqueou para sempre o acesso à cena internacional de
obras latino-americanas. Para um pequeno núcleo de narradores
imbuídos de um genuíno senso de plenitude, "*boom*" é um termo
aglutinador que aponta para a sinonímia de seus sucessos. Alheio
a qualquer categoria estética e, ao mesmo tempo, sem esclarecer
a razão de suas conquistas, sua sonoridade e o hábil manuseio do
marketing foram suficientes para torná-lo equivalente ao sucesso e

à fama. Particularmente nos EUA, a rápida consagração de Gabriel García Márquez (1927-[2014]), Carlos Fuentes (1928-[2012]), Julio Cortázar (1914-1984) e Mario Vargas Llosa (1936) – para nos centrar nos membros indiscutíveis do *boom* – e, através deles, alguns de seus mais velhos, motivou a necessária atualização dos estudos literários. O entusiasmo por suas obras produziu também uma fixação desmesurada na atualidade, em detrimento de uma concentração obrigatória na tradição literária da região. A ampla cobertura de um "novo mundo" e o uso da "nova narrativa hispano-americana" para representar autores de diferentes países e idades – um fato que por si só desafiou a criação de um "encaixotamento geracional"[3] – contribuiu também para a homogeneização da América Latina. Se, por um lado, é compreensível que o marketing exija uma embalagem maior para a distribuição de sua nova linha de produtos – especialmente quando cada ingrediente oferece facetas diferentes de seu ambiente   , não é menos compreensível que os rótulos tenham que ser desmontados para dar conta da heterogeneidade latino-americana. Em outras palavras: a homogeneização pode ser uma estratégia propícia para o reconhecimento imediato, mas leva inevitavelmente a conclusões errôneas se não for seguida por uma análise detalhada da diversidade regional.

---

3 Para uma atualização do "método geracional", veja as opiniões de Cédomil Goic, José Juan Arrom, Enrique Anderson Imbert, Luis Leal, José Olivio Jiménez, Luis Mario Schneider e Jaime Concha, através de entrevistas conduzidas por Miguel Ángel Giella, Peter Roster e Leandro Urbina, em "Crítica hispano-americana: La cuestión del método generacional", *Hispamérica*, IX, 27 (1980), p. 47-67. Ela inclui uma bibliografia seleta desses críticos.

O triunfo da revolução cubana, que foi sem dúvidas um divisor de águas da história cultural latino-americana, teve também um impacto notável de outro tipo ao gerar a incorporação de inúmeros exilados da classe média cubana no mundo acadêmico estadunidense. A ênfase em alguns epígonos de seu exílio, como Guillermo Cabrera Infante (1922-[2005]) e Severo Sarduy (1937-[1993]), reflete – deixando de lado seus incontestáveis méritos literários e a pronunciada diferença em suas respectivas posições em relação à revolução – a encenação de uma opção política que foi retomada com escritores que foram para o exílio nos anos 1970 e 1980. Esta mesma postura é registrada mesmo em casos tão díspares como os oferecidos pelas obras de Alejo Carpentier (1904-1980) e José Lezama Lima (1910-1976), sem sequer aludir ao campo de batalha para o qual foram remetidas as copiosas citações e versos de José Martí (1853-1895).

O fascismo que governou as terras do Sul, particularmente a partir de 1973, levaria ao exílio americano, europeu e estadunidense os escritores e professores que fortaleceram a pluralidade dos estudos latino-americanos. Instalados em outros países, a emigração forçada contribuiu por sua própria presença para o testemunho do peso histórico das palavras. Um dos efeitos a longo prazo, que começa com a própria condição do exílio – apesar dos processos de redemocratização que começaram em meados dos anos 1980 –, é constatado na permanência de muitos profissionais no exterior. Razões pessoais, condições econômicas e disponibilidade de recursos para a pesquisa são alguns dos elementos que têm incentivado uma maior integração de projetos conjuntos entre acadêmicos radicados no exterior e na América Latina.[4] Tal integração pode ser vista na vasta área coberta pela rubrica "literatura/sociedade", que remete a análise do texto às condições de produção, evidentes em publicações que refletem um manifesto atravessamento de fronteiras. Mais do que qualquer outra abordagem, isto sublinha a "latino-americanização" de suas leituras – um fenômeno cuja contrapartida é a circulação de análises semióticas. Isto não implica que a localização geográfica da publicação seja privilegiada, nem que o pertencimento nacional do crítico seja questionado com base em seu local de residência. Deve-se ter em mente, entretanto, que, em termos gerais, na América Latina, mesmo os "críticos acadêmicos" – possivelmente mais sensíveis ao fato de que fazer crítica é também fazer política cultural – escrevem para um público mais amplo. Sem adotar uma atitude prescritiva ou um regime de exclusões, permito-me sublinhar a importância

---

4 As condições de trabalho na América Latina são bem conhecidas e não requerem maior elaboração neste contexto. À percepção de que muitos de nossos países vivem em um clima de incerteza, que parecem estar sempre à beira do abismo (e alguns deles estão), podemos acrescentar: a fratura ou o abandono de formas institucionais que compõem os sentidos coesos da nação; os graus de corrupção sem precedentes; as economias informais e outras altamente especulativas com uma produção que não é canalizada através do desenvolvimento social dirigido; a "invasão" a partir dos grandes centros urbanos que, por sua vez, agrava o problema habitacional e socioeconômico, juntamente com uma pauperização geral de setores que antes pertenciam aos estratos médios... Ao mesmo tempo, há a resistência à deterioração através de organizações populares como uma alternativa aos núcleos e partidos tradicionais que não oferecem mais nenhuma solução, e a celebração das formas de democracia sem, em geral, conseguir passar à construção de uma cultura política que consolide as instituições e práticas democráticas.

das análises literárias cuja lucidez ajuda a perceber mais claramente aquele segmento da realidade que permanece instalado além de qualquer tradução estética.

As relações dinâmicas deste campo intelectual são caracterizadas por uma fluidez intensa que nos permite avaliar os diferentes graus de compromisso do crítico com o mundo e com o regime que permite, tolera ou promove seus deslocamentos. As relações internas do mercado acadêmico respondem a diferentes condições institucionais e, portanto, não podem ser homogeneizadas nem dentro nem fora das fronteiras latino-americanas. São estas relações que determinam, mesmo em um primeiro laço formativo, a seleção de projetos de pesquisa que são frequentemente direcionados para o culto dos consagrados e para territórios isentos de arestas ideológicas. Em países submetidos a regimes ditatoriais, o poder das decisões tem respondido a forças coercitivas que afetaram a fluidez de todo discurso. Sob sistemas autoritários, quando o questionamento explícito podia ser atravessado pelo silenciamento, as propostas estruturalistas ofereciam o abrigo da teorização e a firmeza metodológica de seus modelos, mesmo quando dúvidas sobre seu alcance já tinham começado a minar seus fundamentos. Para alguns críticos, a modelização teórica foi também uma expressão do fervor anti-histórico que serviu para tentar um distanciamento, até mesmo metafórico, do cotidiano. Em geral, no entanto, os críticos que já não sustentavam esta abordagem antes dos golpes militares não realizaram uma total inversão dela. Em tais condições, além do encanto de uma arquitetura rigorosa, a redução ao tamanho da página, ao mínimo e fragmentado detalhe, à intensidade de um momento, pode ser vista como um refúgio diante do colapso da ordem externa.

Em casos tão singulares como os vários estágios ocorridos no processo revolucionário cubano, no Chile durante o governo Allende e na Nicarágua durante o período sandinista, os críticos – assim como outros intelectuais e artistas que compartilharam a ideologia predominante – participaram ativamente da formulação e implementação de políticas culturais. Eles também testemunharam a transformação de suas respectivas práticas. Sob os regimes ditatoriais que uniformizaram o Cone Sul (Brasil em 1964, Chile e Uruguai em 1973, Argentina em 1976 e Paraguai muito antes disso), o espaço público foi reduzido, com a consequente restrição, ou mesmo desmantelamento, das instituições educacionais.[5] A censura oficial e a autocensura exerceram um controle rígido sobre as áreas de pesquisa a serem explicitamente abordadas. Por sua vez, os governos fizeram de fato uso de áreas que tendiam a projetar uma imagem oficial de abertura e a decorar uma retórica que não cessava de proclamar que qualquer imposição autoritária era feita em nome dos valores ocidentais e cristãos – com seus correlatos de pátria, família e propriedade – e de um eventual retorno a uma democracia purificada e legítima. Um dos resultados deste clima

---

5 Uma resposta eficaz foi a criação de ateliês e cursos paralelos às carreiras universitárias, que serviram para cobrir tanto as necessidades educacionais dos estudantes quanto as necessidades econômicas dos professores demitidos; eles também foram uma salvaguarda e apoio para uma tradição crítica. Em outros países americanos, a criação de ateliês literários respondeu a outras necessidades e criou, particularmente nas províncias, áreas alternativas de criação e análise.

foi o recuo da atenção com a literatura contemporânea e uma cuidadosa filtragem dos textos que aludiam ao ambiente imediato; outro foi um retrocesso exegético sobre o texto. Entre aqueles que fizeram parte de uma linha de análise sócio-histórica, houve um retorno às instâncias da história cuja recuperação permitia falar do presente. Por razões óbvias, os mecanismos de representação eram muito mais fluidos em condições de exílio. Fora das fronteiras, abundavam as perguntas sobre a função social do escritor e da literatura, uma preocupação facilmente compreensível diante da derrota sofrida nos anos 1970. O exílio e a emigração, por outro lado, exerceram uma acentuada latino-americanização da reflexão crítica nos países que acolheram exilados.[6]

6 A bibliografia sobre os exílios mais recentes é abundante demais para ser incluída neste espaço. Devido à diversidade de opiniões e reações dos participantes das reuniões realizadas na Universidade de Maryland, gostaria de citar os volumes para os quais escrevi o prólogo e compilei sob os títulos *Represión y reconstrucción de una cultura: El caso argentino*. Buenos Aires, EUDEBA, 1988, e *Represión, exilio y democracia: La cultura uruguaya*. Montevidéu, Ediciones de la Banda Oriental, 1987. [O encontro sobre o Chile foi coletado em *Cultura, autoritarismo y redemocratización en Chile* (Santiago, FCE, 1993), que compilei com Manuel Antonio Garretón e Bernardo Subercauseaux. O livro *Brasil: O trânsito da memória* (São Paulo, Editora da Universidade de São Paulo, 1994), organizado com Jorge Schwartz, no qual interveio Darcy Ribeiro, inclui ensaios de Joaquim Alves de Aguiar, Ivan Angelo, Jean-Claude Bernardet, Carlos Eduardo Lins da Silva, Ignácio de Loyola Brandao, Fabio Lucas, Ana Maria Machado, Sergio Miceli, Yan Michalski, Walnice Nogueira Galvao, Nélida Piñón, Muniz Sodré, Maria da Conceição Tavares e Gilberto Velho. *Hacia una cultura para la democracia en el Paraguay* (Asunción, Dirección de Cultura, Municipalidad de Asunción y Centro de Documentación y Estudios, 1994) foi compilado por Line Bareiro e Ticio Escobar]. Ver também: Karl Kohut e Andrea Pagni, eds, *Literatura argentina hoy. De la dictadura a la democracia*, Frankfurt-am-Main, Vervuert, 1989.

A restauração das instituições democráticas, por outro lado, não cancelou o clima de incerteza, que se soma a outras questões sobre o perfil e o alcance da crítica, nem melhorou significativamente os meios que propiciam a pesquisa nos países latino-americanos. Enquanto isso, em outras áreas, várias opções se acomodaram mais confortavelmente às condições menos dramáticas do mercado. Nos EUA, por exemplo, e independentemente de resultados pontuais, a pesquisa asséptica (como uma elisão da política), a concentração em problemas teóricos (como se falar de teoria garantisse a desideologização do sujeito ou sua existência fora da história) ou a opção de signo distinto podem condicionar e afetar a sobrevivência na esfera universitária. E isto ocorre precisamente no espaço que se fortalece através do dissenso.

Deve-se acrescentar que, em grande medida, as fragmentações da literatura se devem à parcialização dos estudos literários e à especialização excessiva em autores ou literaturas nacionais, o que tende a tornar mais difícil uma visão de conjunto. Esta situação é agravada tanto pela reiteração de autores estabelecidos quanto pela seleção de temas isolados e marginais que não são sequer incorporados ao *corpus* analítico geral, a fim de derivar seu verdadeiro sentido. Em outras palavras, localizados neste tipo de relações (e deixando de lado as exigências formais das cátedras universitárias), a recomposição analítica de um texto literário não responde a uma demanda social. Por um lado, são manifestados, em certa crítica, a urgência vital, a paixão e o compromisso ético, que são próprios ao espaço habitado pelo crítico ou para o qual é dirigido a partir de algum lugar, impulsionando-o a resolver propostas que não são apenas articulações de papel. Por outro lado, e em outras instâncias, também se dá a triste contagem do número de páginas impressas como uma cota de entrada e uma chave para o próximo degrau da escada. Se a promoção é o único objetivo, as apologias ao que tem sido reiteradamente tratado, assim como uma linguagem que não arrisca nada, podem ser suficientes, mesmo que estejam longe de cumprir um genuíno propósito crítico. Vale lembrar, no entanto, que não há nada de inocente em tal exercício, pois sua prática apóia o setor que considera que a leitura de um texto só tem validade científica quando ele beira a assepsia e exorciza de seu corpo a história e a política. De uma distância limitada, a exaltação teórica que dispensa textos não é alheia a este sentir; isto pode ser verificado, diga-se de passagem, pela euforia diante de textos que omitem sua ancoragem e possibilitam, desta forma, uma função modeladora que aspira a ser universal. Entretanto, para outros críticos – e creio que para a maioria dos leitores –, a literatura é lida no e a partir do pontual: na história e na sociedade. A literatura não é uma mera enteléquia, mas sim parte da composição do lugar, da história que se articula por meio das mediações que lhe são próprias através da literatura. É fundamental apontar, então, a partir de que estrutura é composta toda leitura crítica e lembrar que toda prática crítica comprometida com o eu põe em cena o corpo do crítico e o lugar que ele ocupa, ou que deseja ocupar, o lugar que lhe é atribuído ou do qual se apropria no sistema literário.

Um dos problemas centrais na definição de uma abordagem crítica se dá ao formular se a autoridade última reside no texto ou se ela é articulada com base nas relações, sempre em estado de fluxo, entre o texto e um quadro referencial, no qual, por sinal, o leitor também está inscrito. Toda a crítica – mesmo a que se pronuncia isenta de seu alcance – encarna, evidentemente, uma escolha ideológica. A "leitura ideológica" não se limita à elaboração das relações contextuais de uma obra literária; ela também é responsável pelo reconhecimento da ideologia que carrega como resultado do contexto do qual emerge e dos possíveis graus de correção que nela podem ser manifestados. As leituras que são expressas como desinteressadas em qualquer posição política, ou como ideologicamente assépticas, carregam, contudo, uma carga ideológica inescapável. E é justamente por esta razão que servem para chamar a atenção para a natureza da linguagem que analisam, para que uma leitura política possa ser elaborada a partir da manipulação da linguagem.

Afinal, jogar com a linguagem, como tão bem ilustram as páginas notáveis de Borges – "O idioma analítico de John Wilkins" e "A escrita do deus"[7], entre muitos outros textos –, é elaborar o desenho do mundo; ou seja, atirar-se por inteiro na realidade. Se a teoria não é mais discutida com o mesmo vigor de alguns anos atrás, isso se deve ao fato de ter sido assimilada em diferentes graus nos estudos literários; portanto, torna-se menos necessária a estridência própria do pontapé inicial. A crescente convicção de que é necessário rearticular o posicionamento do ato crítico contribuiu para a expansão dos estudos culturais e uma rearticulação

---

7 "El idioma analítico de John Wilkins", *Otras inquisiciones*, Buenos Aires, Emecé, 1960, pp. 139-44; "La escritura del Dios", *El aleph*, Buenos Aires, Losada, 1949, pp. 117-23.

do "texto na sociedade". O resgate da Escola de Frankfurt, com a crescente influência do pensamento de Walter Benjamin, as alusões a Adorno e, em outros circuitos, a influência de Habermas, são compreensíveis também por essa mesma dinâmica.

Pensar que a crítica literária pode afetar decisivamente o curso da história pressupõe um ato de confiança no poder da palavra. Sua desmedida não é totalmente alheia àquela que caracteriza algumas propostas revolucionárias dos textos por ela analisados. Ao considerar o impacto político de diferentes propostas críticas, é necessário distinguir entre aquelas que cumprem objetivos políticos imediatos – a feminista, por exemplo – e aquelas que subvertem a ordem estabelecida de modo mais sutil. Isto equivale a contemplar o valor subversivo dos textos de Borges, que questionam, a partir de um sutil ponto de vista filosófico, as bases sobre os quais se assentam a ordem e a tradição cultural do Ocidente, com páginas que defendem explicitamente a destruição material das forças que representam essa ordem (Borges e Arlt, por exemplo). Estas opções não são incompatíveis nem mutuamente exclusivas; ao contrário, elas respondem a diferentes agendas políticas e momentos históricos.[8]

Em parte, devido a esta mesma "despolitização", em países que se beneficiaram com urgências menores que as que caracterizam uma grande parte da América Latina, os espaços acadêmicos têm sido capazes de respaldar múltiplas opções e servir como fóruns

---

8 Uma visão contestadora da relação entre a política e a teoria literária está em: Robert Young, "The Politics of 'The Politics of Literary Theory'", *Oxford Literary Review*, 10 (1988), pp. 132-57.

singularmente propícios para a pesquisa e para um diálogo que tem conseguido superar as distâncias planetárias. Eles também foram capazes de prescindir de uma concentração excessiva na literatura nacional, uma vez que tal especificidade como um sistema de exclusão frente a outras expressões nacionais não faz sentido a partir da periferia – sendo "periferia" o lugar que corresponde a qualquer centro estabelecido fora da América Latina. De uma perspectiva latino-americana, e apesar de um interesse exacerbado pelo que é produzido dentro dos respectivos países, quando não províncias ou cidades, a comunidade de interesses é entendida através de afinidades culturais além de nuances diferenciais e distanciamentos ideológicos. De fora, porém, a visão homogeneizadora do latino-americano exerce um claro mecanismo de apropriação que mina precisamente as variantes de suas zonas culturais e sua complexidade histórica. A tão ponderada unidade latino-americana corre o risco, assim, de ser usada como mecanismo de redução com a consequente distorção de suas particularidades. Por esta razão, uma vez alcançado o reconhecimento de um *corpus*, pelo menos para o campo cultural, é necessário chamar a atenção para o termo unificador ilusório "América Latina" e suas variantes hispânicas.

Em vez de uma única versão orgânica, a história cultural latino-americana se figura como uma ilação dinâmica de segmentos parciais, e seu mapa literário é tecido como uma manta multicolorida de retalhos. Portanto, em vez de um esforço de homogeneização, a ênfase deve ser colocada na heterogeneidade de suas literaturas, na verificação de que diferentes sistemas podem ou não convergir em certos espaços, e na possível ordenação dos sistemas (um modelo de hierarquização seria válido ou útil?) de acordo com suas respectivas áreas de desenvolvimento e influência. Isso não pode ser de outra forma, dada a conjunção e a mistura de visões de mundo, radicalmente distintas, de etnias e raças diferentes; dada a diversidade de línguas que enunciam culturas milenares com outras que se firmam em conquistas e imigrações mais recentes; e, do mesmo modo, dados os cultos à escrita e, junto com ela, as recuperações orais da memória, de processos complexos de transculturação regional, nacional e internacional.

A integração da análise literária com a reflexão sobre os problemas de identidade é particularmente premente em zonas com fortes componentes indígenas (notadamente a região andina) e de origem africana (o Brasil e o Caribe multilíngue como casos paradigmáticos), bem como em regiões caracterizadas por processos de imigração aluvial (Rio da Prata). Ao considerar raça e etnia como fatores na formação da identidade nacional e, consequentemente, da identidade literária, entra em jogo a constituição de literaturas híbridas. A partir de sua diferença, de sua própria conformação americana – ou seja, mestiça –, elas elaboram a transformação de uma tradição que, apesar do culto majoritário à hispanidade, sempre desafiou toda a noção inquisitorial de pureza. Em diferentes momentos do século XIX, por exemplo, a necessidade primordialmente política de consolidar o que era "nosso", ou seja, de fortalecer o poder crioulo diante do legado colonial cada vez mais distante, teve como corolário a imposição cultural do "nacional". Em algumas latitudes, isto exigiu o resgate parcelado do indígena; em outras, levou à exaltação do gaúcho através de um discurso crioulista articulado como contraposição às versões "estrangeiras" do nacional.[9] Apesar de algum esforço monárquico fugaz para descobrir os descendentes dos cetros americanos, acabará se tornando difícil identificar casos em que toda a herança colonial tenha sido rejeitada em favor de um retorno às eras que antecedem o contato com o mundo europeu. Longe de tais esquematismos, considero que é importante ter em mente que, ao erguer a identidade como um estandarte – ao invés de seu devido reconhecimento e respeito –, entram em jogo fatores etnocêntricos, em relação aos quais não é estranho um sentimento preconceituoso, tanto por causa da exaltação de uma cultura européia/americana dominante, quanto por causa do elogio e defesa acrítica das forças nativas.

Como têm lembrado insistentemente algumas atividades realizadas por ocasião do 500º aniversário da chegada de Colombo às terras americanas, o encontro de culturas nunca aconteceu em termos de paridade, mas sim como um processo de destruição e apropriação de povos e culturas. Por parte dos conquistados, de toda minoria relutante à assimilação total, a incorporação do estrangeiro ocorre através da transformação e adaptação das forças dominantes à ordem social e cultural pré-existente.[10] Esta dinâ-

---

9 Um caso específico pode ser encontrado em: Adolfo Prieto, *El discurso criollista en la formación de la Argentina moderna*, Buenos Aires, Sudamericana, 1988.

10 Uma versão mexicana desta dinâmica no muito discutido e inescapável ensaio de Octavio Paz, *El laberinto de la soledad*. México, Cuadernos Americanos, 1950. Cf. Miguel León-Portilla, *Mesoamerica 1492 and 1992*. College Park, MD, University of Maryland-1992 Working Papers Series, 1988. O 500º aniversário promoveu uma importante série de publicações que incluem a recuperação de zonas das culturas ameríndias que haviam permanecido marginalizadas ou alheias às análises

mica, com seus correspondentes matizes e ajustes históricos, será reproduzida pela importação de produtos e modelos estrangeiros que vão desde a indústria e tecnologia avançada até a ênfase intelectual em alguns enclaves críticos da pós-modernidade.

Como as diversas etapas do desenvolvimento regional não estão sincronizadas, as flutuações que são produzidas pelo encontro de culturas sublinham ainda mais a heterogeneidade americana e os mecanismos da transculturação, cujas expressões literárias já foram lucidamente estudadas por Ángel Rama.[11] Em *"Problemas historiográficos de nuestras literaturas: Discurso literario y modernidad"*, Ana Pizarro indicou:

> A literatura em nosso continente abarca uma cultura heterogênea e fragmentada que não poderia ter outra forma de comportamento além da heterogeneidade e fragmentação da sociedade que a produz: "nossa cultura" – diz García Canclini – "sempre esteve a meio caminho entre os resíduos heterogêneos e as inovações truncadas". Esta situação específica entre tradição e modernidade, que possui uma dialética da qual emergem as sequências sobrepostas que constroem a espes-

literário-culturais, assim como o ressurgimento dos estudos coloniais.

11 Sobre este último aspecto, é fundamental o estudo de Ángel Rama, *La transculturación narrativa en América Latina*. México, Siglo XXI, 1982. Junto com a modernidade, a transculturação tem sido um dos eixos principais que percorrem a produção crítica da Rama. Cf. *La ciudad letrada*. Hanover, NH, Ediciones del Norte, 1984. É extremamente enriquecedor comparar as propostas de Rama com as análises de José Luis Romero, *Latinoamérica: Las ciudades y las ideas*. Buenos Aires, Siglo XXI, 1976.

sura de nosso discurso literário – ou, talvez devêssemos dizer, de nossos discursos –, é típica das zonas literárias periféricas, das zonas em processo de construção de identidade, daquelas que emergem das formações históricas coloniais e vivem as vicissitudes histórico-sociais de sua condição.[12]

As expressões da heterogeneidade respondem, por sua vez, à xenofobia própria de uma sociedade, ou de um setor elitista, que se assume como homogênea e que, portanto, repele qualquer mácula diferencial como sendo uma intromissão na sua pureza. Ao adotar o papel de porta-estandarte da cultura nacional, este setor rejeita a própria noção de heterogeneidade como uma força de contestação. Um exemplo, entre muitos, da busca por uma cultura representativa do nacional e contestadora da linha dominante se deu no Equador, em 1962, com o lançamento dos *Tzántzicos*.[13] Diante da visão aplanaida de uma homogeneidade inexistente, a história suscita a incorporação de práticas e discursos heterogêneos como o único meio de iniciar sua definição esquiva; além disso, ela é o

---

12 Em *Filología*, XXII, 2 (1987), p. 153. A referência a Néstor García Canclini refere-se à sua: "Antropología versus sociología: un debate entre tradición y modernidad?", *David y Goliath*, XVII, 52 (1987), p. 44.

13 Cf. Humberto Vinueza, "Tzantzismo y vanguardia", *La bufanda del sol* [Quito], 1 (1972), p. 3-10, e o testemunho de Ulises Estrella, "Los Tzántzicos: Poesía de la indignación", *Hispamérica*, I, 3 (1973), p. 81-5. Sobre a função de encobrimento e a submissão de muitos escritores equatorianos à "maquinaria da colonização", que também implicou uma capacidade quase redentora do intelectual que assumiu sua verdadeira função política, ver Agustín Cueva, *Entre la ira y la esperanza*. Cuenca: Casa de la Cultura Ecuatoriana, 1981 (1ª. ed., 1967), p. 23.

mecanismo mais apropriado para abordar o encontro e a eventual conjunção de todas as forças que compõem a constituição das literaturas americanas.

Esta sugestão programática – encorajada em outros termos por Alejo Carpentier em *Los pasos perdidos* (1953) – exige uma versão mais generosa da expressão americana do que aquela que opta por uma redução máxima da produção literária a fim de promover uma imagem setorialmente privilegiada de nossas letras; ou do aquela que, tendo erguido um recinto mínimo, acredita ter imposto um castelo à nossa realidade compartilhada. Ela exige, do mesmo modo, que sejam enfatizados a diversidade, os desencontros constantes e a impossibilidade de articular em uníssono os processos regionais e as manifestações locais; e que a assincronia de seus desenvolvimentos seja posta em sintonia a fim de refletir uma imagem de sua história e de sua expressão literária que seja menos polida, e até mesmo mais rude, mas mais confiável.

A identificação de discursos heterogêneos não impede a especialização, nem a concentração em uma de suas múltiplas manifestações; ela pressupõe, entretanto, uma maior disponibilidade para considerar os mecanismos da produção literária. Além disso, diante da onipotência de certas proclamações sobre os alcances da crítica (ou melhor, diante de críticos com pretensões de onipotência), é apropriado propor uma forte dose de humildade. A soma destes elementos aponta para o jogo de mediações adicionais que a prática literária deve atender. Por um lado, há as relações internas ao texto – uma área que recebeu a máxima atenção teórica durante os anos 1960 e 1970 –; por outro, há a incorporação do leitor na equação da produção literária. Uma vez instalados em outro nível, deve-se abranger o papel que todos os participantes, incluindo o crítico, desempenham no sistema, bem como as relações do sistema literário com outras instâncias discursivas. Este regime de considerações, escalonado e, ao mesmo tempo, simultâneo, pressupõe que a literatura seja vista como uma produção social e que, consequentemente, seu raio de influência e ação se estenda além dos limites impostos por qualquer crítica que os omite ou ignore.

Sem entrar ainda no campo das lutas ideológicas tácitas ou expressas, é útil lembrar que a adesão a diferentes escolas teóricas, assim como a adoção de diferentes modulações críticas, determina uma divergência radical no regime de questões que envolvem o texto literário. As consequências de tal adoção excedem as margens literárias, pois, ao atravessar a descrição e a interpretação do texto, a leitura se refere explicitamente à materialidade latino-americana.

A literatura é, em múltiplos sentidos, "recreativa" ("re-criativa"), mas não deixa de desempenhar uma função normativa. Todo texto manipula e se apropria de realidades para, de imediato, conferir sentido ao seu mundo original. Tal circuito significa, então, que, se ao menos uma de suas variantes concebe a literatura como uma forma que organiza a experiência social, seu significado final será projetado sobre essa mesma realidade mediada no texto. Portanto, sem prejudicar nenhum dos registros gerados pela obra literária, é importante resgatar essa dimensão para compreender a seriedade e as repercussões de algumas propostas teóricas, assim como a magnitude das discussões sobre os propósitos da crítica literária. Embora sua ênfase principal esteja posta no "texto" –

neste caso, entendido tanto como "obra" quanto como "campo metodológico" tendente a constituir uma teoria científica –, sua leitura final será urdida com base em seu possível impacto institucional e social. O caráter profundamente subversivo da literatura reside precisamente no fato de que as indagações e dúvidas sobre o sistema literário que herdou e re-cria em sua própria criação têm também um impacto na ordem social –, um fenômeno que tenderia a explicar as perseguições exercidas por regimes ditatoriais contra escritores e artistas. Esta dinâmica é reproduzida em casos exemplares, como quando a crítica se propõe a transformar sua própria atividade e seu objeto de estudo; e, também, quando não reprime seu alcance limitando-se tão somente à elucidação de uma obra ou à montagem do sistema literário.

Quando aceitamos que a literatura não é apenas um jogo, o significado, a magnitude e o escopo do ato interpretativo são radicalmente alterados. Em sua elaboração, as questões sobre o discurso literário continuarão a ser primordiais, mas não serão excluídos de seu domínio, por exemplo, a busca das últimas razões que motivaram o reconhecimento internacional de algumas variantes da expressão latino-americana, ou os mecanismos políticos que impulsionam, condicionam e são condicionados pela prática literária. Portanto, é essencial analisar as várias ordens institucionais dentro das quais esta crítica se expressa, assim como as diferentes modalidades afetadas por estas ordens. Somente desta forma a dimensão e o significado do que é lido e assimilado será plenamente compreendido, e somente assim haverá uma clara consciência da versão da literatura latino-americana e, através dela, da América

Latina, que é promulgada por uma cuidadosa seleção de textos. Desse modo, ao identificar os paradigmas de um sistema literário e marcar os espaços conflitantes que exigem maior precisão, a crítica aceita o direito de delinear sua própria capacidade de antecipação.

Estas chamadas de atenção podem parecer desmedidas diante da "mera" seleção de algumas leituras, bem como em face ao desenho de um programa universitário ou de outro projeto de âmbito nacional. Entretanto, não é descabido aceitar que a palavra, tanto a pronunciada desde o lugar do poder como a disparada para fins de contestação, desencadeia dispositivos que podem vir a reger o destino da humanidade. Não há processo de seleção casual ou inocente; cada opção – mesmo a mais estranha e desinteressada – implica uma visão do mundo que, de múltiplas formas, recebe, modifica e influencia a esfera pública. Os regimes autoritários têm reconhecido e reverenciado isto através de proibições e execuções sumárias.

Nos EUA, as abordagens críticas que se encaixam sob a rubrica "literatura e política", ou sob a roupagem mais adequada de uma "abordagem culturalista" – e que podem aparecer glosadas como "estudos culturais" –, devem ser vistas contra as análises que empunham critérios de "estetização" avançando sua própria idcologização conservadora do mundo americano. Na América Latina, esta "disjunção" remonta às primeiras tentativas da crítica latino-americana. A própria atividade política nacional e internacional desenvolvida por muitos escritores latino-americanos, assim como a atividade mais circunscrita da política cultural, tem sido um padrão normal de suas vidas.[14] Portanto, não deve ser surpreendente, muito menos motivo de alarme, que os argumentos literários sejam articulados e fundamentados numa base política, ou que apelem a categorias marxistas.[15] Fazer política – como fizeram em diferentes contextos, de forma exemplar e insuperável, Domingo Faustino Sarmiento (1811-1888) e José Martí – foi, em muitos casos, propor e implementar projetos de construção da nação – projetos que agora também lemos como "literatura".[16] Durante a formação das novas repúblicas americanas, a literatura serviu, integral e ideologicamente, aos propósitos políticos de seus fundadores. Ela estava concebida explicitamente como tendo uma função política e moral normativa para os habitantes das novas nações.[17] Ela tinha

---

14 Para não remontar a exemplos paradigmáticos do século XIX, ver os ensaios que Octavio Paz publicou na primeira etapa da *Plural* e que continuam a aparecer regularmente na *Vuelta*; também nessa viragem está o caso específico oferecido pelo texto de Enrique Krauze, "La comedia mexicana de Carlos Fuentes", que desencadeou uma polêmica furiosa nos círculos intelectuais de seu país, publicado na Vuelta, XII, 139 (1988), p. 15-27.

15 Cf. Fredric Jameson, *The Political Unconscious: Narrative as a Socially Symbolic Act*. Ithaca, NY, Cornell University Press, 1981. Na página 12, ele diz: "O político, no sentido mais amplo dado pelo marxismo, fornece o horizonte absoluto da interpretação textual, da mesma forma que o marxismo faz para o trabalho teórico em geral". Embora seja óbvio que Jameson fala a partir de categorias marxistas, seu critério é aplicável a toda aproximação ideológica.

16 Um excelente exemplo é o estudo e a seleção em: Tulio Halperín Donghi, *Proyecto y construcción de una nación (Argentina 1846-1880)*. Caracas, Biblioteca Ayacucho, 1980.

17 Bernardo Subercaseaux S. estudou isso de forma exemplar no caso de Lastarria em seu *Cultura y sociedad liberal en el siglo XIX (Lastarria, ideología y literatura)*, Santiago, Aconcagua, 1981.

a responsabilidade, também, de estruturação e exemplificação dos mitos que estabeleceriam um sentido de identidade nacional, tendendo, entre outras coisas, a forjar um senso de harmonia entre as classes sociais que compunham os novos países; uma tarefa para a qual a explicitação das metas políticas nem sempre foi benéfica.

Embora a primeira instância no desenho e na constituição de uma tradição literária responda à conformação de seus forjadores, seu reconhecimento posterior depende dos leitores que os identificarão em suas origens. Cada imagem e cada encadeamento denota uma projeção ideológica que se ramifica para a formação de uma cultura nacional e, em termos mais amplos, de uma imagem continental. Neste sentido (como veremos adiante), a discussão em torno da crítica e a definição do cânone literário perdem qualquer aspecto de superficialidade acadêmica e são incorporadas à arena mais ampla na qual os destinos materiais de qualquer povo são decididos. Obviamente, este argumento tem um eco do século XIX, na medida em que a literatura deveria desempenhar um papel na formação das repúblicas liberais. Embora os termos tenham mudado, a questão desse papel não é menos urgente hoje em dia. Forjar uma tradição é formular um legado. Este alto grau de compromisso com a história e o futuro não é estranho à empresa da crítica. Projetar esta dimensão na crítica implica um senso de continuidade com as etapas fundacionais do americano e recuperar, também, o profundo sentido histórico dessas páginas, lendo-as em função de uma tradição literária e interpretando-as em constante diálogo com o presente.

Em outra escala, existem setores da crítica contemporânea que refletem sobre a constituição deste campo e sobre sua própria responsabilidade em seu desenho. Instalados no espaço latino-americano, torna-se necessário questionar por que um núcleo seleto de autores e obras foi privilegiado com o manto de representação de um amplo mosaico literário. Cabe questionar, também, a quais gostos e qual expressão da moda eles respondem; e, a partir daí, qual é a imagem do mundo latino-americano – conflituosa, sedutora, complacente, ratificadora de preconceitos e sabores – oferecida pelo *corpus* escolhido dentro e fora das zonas de produção literária. O texto literário é um modo de persuasão que gera uma ampla gama de reações, que vão desde a indiferença e o prazer momentâneo do encontro até a paixão que pode levar à ação. Da mesma forma, a crítica literária adota este componente de persuasão desde o momento em que começa a delinear sua própria versão estética do que merece a rubrica "literatura". Neste sentido, então, tanto a literatura como esta faceta da crítica envolvem um deslocamento de uma primeira atividade cognitiva – o enriquecimento obtido através de um maior conhecimento da realidade – em direção ao plano que envolve uma tomada de posição ética e política.

Há inúmeras razões que motivam uma seleção restrita de autores como figuras representativas de um todo. No nível mais simples, isso pode decorrer da capacidade limitada de um programa de estudos em absorver a complexidade latino-americana. A concentração em algumas figuras proeminentes da nação também pode apontar para uma genuína exaltação de si mesmo, bem como para a defesa do patrimônio nacional diante de uma desvalorização promovida pela própria ascensão e importação de literatura estrangeira (termo que inclui as repúblicas americanas entre si). Quando o valor do contemporâneo é desmerecido, tudo o que resta é o refúgio dos inquestionáveis ou a rendição à (falsa, mas acreditada) nulidade. Em outro contexto, porém, esta atitude corresponde à redução da heterogeneidade latino-americana a alguns epígonos. Chegou-se a dizer que o leitor captará "a essência" da literatura latino-americana através do culto aos "mestres", o que o levaria, inclusive, a uma dimensão mais generosa de sua cultura. Talvez sem a intenção de fazê-lo de forma programática, esta estratégia recupera para um segmento contemporâneo muito reduzido, mas sem sua ênfase original, o que Pedro Henríquez Ureña avançou quando escreveu *Las corrientes literarias en la América hispana* (e que havia antecipado em *"El descontento y la promesa"*): "a história literária da América espanhola deve ser escrita em torno de alguns nomes: Bello, Sarmiento, Montalvo, Martí, Darío, Rodó".[18]

O risco implícito em qualquer redução não é insignificante. Ao falar dos "gênios" da literatura, suas realizações são exaltadas; sem problematizar além das nuances diferenciais que endossam a singularidade, são promovidas áreas de confluência harmoniosa; também é ruminada a desistoricização, que é sempre própria aos

---

18 Veja o prólogo da versão em espanhol acima mencionada de *Las corrientes literarias en la América hispana*. "El descontentamento y la promesa", incluído em: Pedro Henríquez Ureña, *La utopía de América*, prólogo de Rafael Gutiérrez Girardot. Caracas, Biblioteca Ayacucho, 1978, p. 33-45. Ao lado da obra fundacional de Henríquez Ureña, deve-se mencionar: Alfonso Reyes, do qual *El deslinde. Prolegómeno a la teoría literaria* (México, FCE, 1983; 1ª ed., 1944) iniciou uma sistematização teórica em língua espanhola.

"estados de exceção". Esta redução pode levar, por um lado, a uma concentração desproporcional sobre um autor que, independentemente de sua significação real ou imposta, só poderá aspirar a ser o falso *aleph* de uma tradição; por outro lado, através de uma seleção parcial de materiais, ela conduz à imposição de uma ideologia como a versão dominante da história.

A redução a figuras centrais na literatura também serviu a outros propósitos, geralmente alheios à vontade do escritor. Um exemplo: a ditadura argentina que começou em 1976 utilizou o reconhecimento internacional de Borges, assim como o campeonato de futebol e a sinistra transformação dos slogans humanitários, em uma inteligente operação de marketing destinada a lavar a imagem honrosa que os generais supunham merecer. Borges foi transformado em um ícone, em uma figura estelar que exige a atenção de numerosos leitores (ou melhor, espectadores), em um *"Borges para milhões"*.[19] Sua popularização serviu a uma dupla e paradoxal operação que, ao mesmo tempo em que o mitologizou, gerou também uma vulgarização provisória de sua figura. Os leitores de capas e imagens haviam adquirido um novo ídolo. Bastava vê-lo na capa, nomeá-lo, lembrar de uma frase espirituosa da entrevista perpétua ou citá-lo tal como se cita outras figuras estelares. Ainda era desnecessário ler sobre ele. Para o "grande público", a versão descartável, a de um Borges estranho a suas letras, havia sido reduzida ao tamanho de um sorriso com uma pequena bengala de telinha. A

---

19 O texto de *Borges para milhões* (*Borges para millones.* Buenos Aires, Corregidor, 1978) foi utilizado como base para o roteiro do filme homônimo dirigido por Ricardo Wulicher, tendo Jorge Luis Borges como protagonista.

pátria dos generais havia se apropriado de uma imagem de prestígio para inseri-la, junto com outros campeões, nas vicissitudes do consumo internacional. Muitos nomes eram escassos nas livrarias, mas o conhecimento estrangeiro do bestseller encheu as vitrines: era assim que eles desmentiam a ausência de palavras e o silêncio dos corpos.

Junto com a complexa relação entre "literatura-política" – o núcleo de inúmeras discussões e mesas redondas que proliferaram a partir dos anos 1960 –, vale a pena falar de "crítica e política", especialmente quando, além de exercer suas funções através dos meios de comunicação, a crítica contribui desde a profissão docente até o desenho de versões alternativas da história. Quando alguns setores da crítica acadêmica aceitaram que não há leitura inocente (nem objetividade judiciosa na descrição) e que toda interpretação é estabelecida em uma ordem de apropriação, a virulência do debate assumiu seu verdadeiro caráter: como em toda instância da história, mais do que a transação do verbo, estava em jogo uma módica quota de poder. Era uma época em que os campos eram delimitados e apropriados, quando a necessidade de fixar a autoridade era percebida tanto através da exibição de um deslumbrante aparato crítico quanto através de sua difamação. A passagem do tempo funcionaria a favor de uma redução na encenação do chamado "aparato" e de um maior foco no que o texto, com efeito, *diz*.

Embora, como veremos, alguns críticos tenham adotado uma função re-criativa do texto e o tenham exercido como "divertimento" ou incitação para escrever novas páginas literárias, é importante lembrar sua acepção cognitiva e avaliativa, sua capacidade de colaborar no desenho e na montagem das tradições literárias, bem como de sua função orientadora. Na época, Enrique Anderson Imbert recuperou para o crítico o significado grego de "juiz de literatura" e afirmou: "a missão específica que a crítica deve cumprir é julgar o valor estético de uma obra em todas as fases de sua realização. O crítico lê, examina, toma uma posição sobre o texto e pronuncia um julgamento, afirmativo ou negativo".[20] Ele acrescentou: "É assim que eu definiria a crítica literária: é a compreensão sistemática de tudo o que entra no processo de expressão escrita e o julgamento de um texto em particular". Por sua vez, José Antonio Portuondo escreveu em 1951: "A crítica parte sempre de princípios firmemente estabelecidos ou, pelo menos, de uma atitude estética precisa do julgador que aplica uma determinada tabela de valores ao objeto julgado. É um trabalho de encorajamento e responsabilidade (...)". "A crítica é uma obra de criação, em detrimento das obras julgadas, e tende sempre a expressar a visão de mundo do sujeito que critica".[21] Em uma nota severa sobre o estado da crítica hispano-americana, Octavio Paz considerou que o espaço da crítica:

> é o lugar de encontro com outras obras, a possibilidade do diálogo entre elas. A crítica é o que constitui o que chamamos de literatura, que não é tanto a soma das obras como o siste-

---

20 Enrique Anderson Imbert na pesquisa acima mencionada sobre "La crítica literaria, hoy", p. 6.

21 José Antonio Portuondo, "Crisis de la crítica literaria hispanoamericana", em: *El heroísmo intelectual*, México, Tezontle, 1955, p. 112.

ma de relações: um campo de afinidades e oposições. (...) A crítica e a criação vivem em perpétua simbiose. O primeiro se alimenta de poemas e romances mas é, por sua vez, a água, o pão e o ar da criação. (...) A missão da crítica, naturalmente, não é inventar obras, mas sim colocá-las em relação: dispô-las, descobrir sua posição dentro do conjunto e de acordo com as predisposições e tendências de cada uma. Neste sentido, a crítica tem uma função criadora: ela inventa uma literatura (uma perspectiva, uma ordem) a partir das obras. Isto é o que nossas críticas não têm feito.

Paz conclui que a missão de crítica:

> não se trata tanto de transmitir informações, mas de filtrá-las, transmutá-las e ordená-las. A crítica opera por negações e associações: ela define, isola e depois relaciona. Direi mais: em nosso tempo, a crítica funda a literatura. Enquanto esta última é constituída como uma crítica da palavra e do mundo, como uma questão sobre si mesma, a crítica concebe a literatura como um mundo de palavras, como um universo verbal. A criação é crítica e a crítica é criação. Assim, nossa literatura carece de rigor crítico e nossa crítica carece de imaginação.[22]

Apesar dos ponderados conceitos de Paz (ou precisamente por causa deles), pode-se insistir que a tarefa crítica, que de jeito nenhum mascara o propósito didático, carrega um sentido de hu-

---

22 Octavio Paz, "Sobre la crítica", *Corriente alterna*, México, Siglo XXI, 1967, p. 39-44.

mildade – um valioso atributo para matizar as realizações de uma empresa que ocasionalmente quer ser todo-poderosa e onipotente na imposição de gostos e modas duradouras, e que também pretende ser infalível quando lança estrelas e relativiza o valor de textos que são estranhos ao seu esquema ideológico.

Não é descabido assumir que geralmente sabemos qual é nossa tarefa como críticos e que estamos cientes das motivações que nos levam a ela. Embora possamos atestar algum impacto imediato como resultado de um curso ou ensaio bem sucedido, é menos óbvio as repercussões que nossos esforços podem alcançar a médio ou longo prazo. É evidente que as múltiplas manifestações de atividade crítica estão intimamente ligadas a uma função social na medida em que constituem uma expressão política. Portanto, uma vez ultrapassado o nível da descrição (e, mais uma vez, com sérias reservas sobre qualquer pretensão de objetividade), o enunciado neutro é inadmissível como diretriz para um ato interpretativo. Embora seja imprescindível assimilar os avanços teóricos das últimas décadas, não é menos crucial recuperar, para a tarefa crítica, o enunciado de juízos de valor, pois estes nos permitem problematizar as relações de força que afetam a produção cultural e tornar mais eficaz a transferência da análise literária para uma melhor compreensão da esfera pública. Neste nível, a crítica não só adquire uma densidade política, mas também uma dimensão ética, e traz consigo uma maior responsabilidade no ato de definir, interpretar e tornar inteligíveis as versões da realidade que são mediatizadas na obra literária.[23]

---

23 Em *"Poderes de la literatura y literaturas del poder: trabajadores, burócratas y*

Como a literatura é, em última análise, um bem social, toda atividade a ela relacionada deve ser interpretada, ao menos em algumas de suas facetas, em relação a essa dimensão social. Isso é inescapável para a crítica, cuja existência é definida pela trama que ela entretece com seu objeto de estudo. Nos casos ideais, esta (inter)dependência – que não precisa ser entendida como parasitária – se traduz em um diálogo aberto e enriquecedor entre textos, em uma coexistência enquanto escrita ficcional, ou na articulação interpretativa, mútua e jamais neutra, de um mundo. Isso seria acentuado por algumas propostas narrativas dos anos 1960.

---

francotiradores", David Viñas afirma: "(...) – segundo meu critério – a especificidade da literatura não se esgota na especificidade do literário. Isto implica em várias coisas. Por exemplo, que o critério de neutralidade na crítica literária define uma ideologia de professores. Que a exaltação de uma crítica imanente, que põe em parênteses o texto, ignorando contextos e níveis englobadores, privilegia apenas um momento do circuito literário e da produção literária. Que esta atitude, ao enfatizar uma única flexão, ideologiza a crítica, despojando-a de sua possibilidade dialética. Ou seja: mutila-a em relação à dimensão globalizadora que uma crítica rigorosa deve ter. A palavra "globalizadora" talvez não seja a mais apropriada. Ou a mais eficaz. Eu poderia dizer 'crítica totalizadora'". E mais adiante: "(...) A totalização é verificada, em última análise, no espaço político. O resto são elusões que ocultam a escamoteação do risco. Do risco crítico. (...) Não é à toa que os esforços de despolitização massiva caracterizam todos os regimes reacionários ou repressivos. E também homens coagulados em suas próprias e imutáveis certezas. Homens que, por definição, dizem de si mesmos que são 'apolíticos'". *Caravelle*, 25 (1975), p. 153 e 154. Dada a confluência de dados fornecidos por sua nota, vale lembrar que as leituras críticas de Viñas – coletadas em livros como *Literatura argentina y realidad política* (Buenos Aires, Jorge Álvarez, 1964) – constituem um modelo de crítica heterodoxa e que seu impacto foi notável na geração seguinte de críticos argentinos, à qual pertence, por exemplo, Beatriz Sarlo.

A poesia de vanguarda, assim como alguns romances singulares, prefiguraram o que décadas depois seria visto como uma inovação deslumbrante da narrativa hispano-americana. Reiterando em uma escala de maior difusão o que havia ocorrido antes com a poesia, "o novo romance hispano-americano" seria exaltado pelas diferenças formais que marcaram instâncias de ruptura e de re-criação de uma tradição literária; e também, por ter tentado a conquista de outras realidades a partir das próprias fronteiras das letras. Embora, neste texto, eu tenha me concentrado no romance, isto não implica que a crítica tenha relegado a poesia a um plano secundário. Torna-se evidente que este não tem sido o caso quando se examina as publicações deste período. Minha ênfase responde, acima de tudo, tanto à ascensão da narrativa desde os anos 1960, como ao seu efeito sobre o sistema de disseminação das letras americanas.

Periodicamente, a história confirma o ditado de Nebrija no prólogo de seu dicionário, publicado em 1492: a língua é a companheira do império. Sua fortuna – como continuamos a ver – está intimamente ligada ao poder conferido pela posse de novos territórios. Os laços entre a língua e o poder são enfatizados pelo fato de que a literatura de uma região como a América Latina, que foi considerada até o final dos anos 1950 como de interesse marginal pelos centros culturais do Ocidente, tenha alcançado depois um renome internacional. No caso latino-americano, no entanto, esta expansão surgiu como resultado de um singular ato de resistência que foi apoiado, mesmo que por pouco tempo, por amplos setores.

Considero útil, portanto, nos deter na situação paradigmática do "novo romance hispano-americano", um romance de vanguarda que é percebido como parte integral e constitutiva de uma etapa igualmente "nova" da história americana.

Como indiquei anteriormente, é inconcebível considerar este fenômeno sem levar em conta a conjunção de eventos que alteraram o mapa político da região, juntamente com o rápido desenvolvimento das teorias literárias e sua adaptação às leituras críticas dessa mesma narrativa. O fato de que alguns escritos deste período tenham textualizado uma reflexão teórica sublinha a porosidade dos limites dos gêneros e a transversalidade dos idiomas.

Postular a realidade é enunciar versões do termo "realidade";[24] considerar o tratamento do termo "crise" não é alheio a esta mesma equação. A "crise" descreve instâncias de variada intensidade e duração em cada década do século XX; na década de 1960, ela surgiu como uma definição de um estado de vida.[25] Sob um regime de flutuações instáveis, estas foram décadas de triunfos parciais, de derrotas calamitosas e de retornos decepcionantes ou instáveis, de ansiedade e vazio, de alucinações e memoráveis retomadas da

---

24 Cf. o exercício de Borges: "a eternidade é uma imagem feita com a substância de tempo". Essa imagem, essa brutal palavra enriquecida por desacordos humanos, é o que proponho para historiar": "Historia de la eternidad", no livro do mesmo nome, Buenos Aires, Emecé, 1953, p. 11.

25 O termo aparece em numerosos estudos, mesas redondas, pesquisas e polêmicas. O fato de uma revista muito difundida e importante da época ter sido chamada *Crisis* – em sua primeira etapa, iniciada em meados de 1973, foi editada por Federico Vogelius e Eduardo Galeano – também reflete um estado nas vias de possível transformação.

história, de mitologias e devaneios, de gestos e posturas alternativas, de desafios diante de toda ilusão de realidade, de constantes e insatisfatórias re-definições de discursos e mundos referenciais.

Diante das práticas, dos esquemas e das utopias revolucionárias que emanaram da Revolução Cubana e se espalharam pelo continente através das experiências de guerrilha, uma ideologização elevada e explícita do campo literário era inevitável. Este foi um dos cenários visíveis para elaborar a capacidade de transformação da literatura; consequentemente, através dela, do escritor e seus leitores e, eventualmente, como confiavam os mais otimistas, da sociedade. E isto implica um novo pacto nas relações que são negociadas em torno de textos. Eram anos em que o direito de residir fora da América Latina foi objeto de debate – como se uma terra houvesse sido santificada e a outra tivesse gerado contágios de primeiro mundo – e em que eram realizadas mesas redondas sobre a função social e o compromisso do romancista; foram anos de meticulosas elaborações sobre o poder e a responsabilidade da palavra, de leituras particularmente apaixonadas, de polêmicas cujos ecos ainda não se dissiparam.[26] Da mesma forma, estes foram os anos em que alguns escritores contribuíram para a organização do espaço crítico com um guia "autor-izado". Se Morelli colocou as questões existenciais e literárias de uma épo-

---

26 Cf. Ángel Rama (org.) *Más allá del boom: Literatura y mercado*. México, Marcha Editores, 1981. De particular interesse sobre este assunto são os textos de David Viñas, "Pareceres y digresiones en torno a la nueva narrativa latinoamericana"; Ángel Rama, "El 'boom' en perspectiva", e Tulio Halperín Donghi, "Nueva narrativa y ciencias sociales hispanoamericanas en la década del sesenta".

ca nos "capítulos prescindíveis" de *Rayuela* [de Julio Cortázar], Fuentes orquestrou a compreensão de fenômenos inéditos na *La nueva novela hispanoamericana*.[27] Desta forma, capacitava-se o leitor – fazendo-o descartar, previamente, certos gostos e hábitos – para que passasse do deleite pelo "tradicional" para uma maior compreensão da novidade, tornando-se um cúmplice dos questionamentos. Esses foram – e ainda são – os dias em que a política exigia alianças solidárias e desentendimentos, proclamações e distanciamentos. O caso de Mario Vargas Llosa ilustra a trajetória que vai de suas simpatias e adesões socialistas até a plataforma conservadora de sua candidatura presidencial. Eram anos em que as citações e a imagem de Che ilustravam grafites políticos, mas também mercadorias. Um filho nostálgico dos anos 1960 deve ter lembrado naqueles dias (e desde então): os tempos em que as pessoas falavam de "revolução" são coisa do passado; hoje só se ouve falar de "democracia".

---

27 *Rayuela* [em português: *O jogo da amarelinha*] (Buenos Aires, Sudamericana, 1963). Ver, neste sentido, os "capítulos prescindíveis": 62, 71, 73, 79, 95, 99, 112, 145. Em momentos nos quais os críticos procuravam um instrumento apropriado para dar conta desta literatura, as propostas de Fuentes em *La nueva novela hispanoamericana* (México, Joaquín Mortiz, 1969) serviram de bússola que foi condicionada a numerosas abordagens acadêmicas. Seu *Cervantes o la crítica de la lectura* (México, Joaquín Mortiz, 1976) cumpriu uma função semelhante para a *Terra nostra*. *Historia secreta de una novela* (Barcelona, Tusquets, 1971), escrito por Vargas Llosa a propósito de *La casa verde*, pois permite o acesso à cozinha do escritor em um momento em que seus quartos haviam se tornado uma fonte de atração para um setor crescente do público. Uma visada interna está em: José Donoso, *Historia personal del "boom"*. Barcelona, Anagrama, 1972.

Uma vez que o impulso juvenil para a novidade, o prazer que acompanhou cada paradigma da experimentação e a fé na capacidade de aperfeiçoar certas realidades (e não poucas esperanças) foram apaziguados, é possível observar a decantação de numerosas páginas. Uma avaliação preliminar permite ver o que sobreviveu de tanto fervor político e fé literária, e ver quantas páginas ainda resistem ao teste do tempo e das letras. Além destas considerações, também é importante considerar até que ponto é possível verificar os limites de uma nova tendência literária e especificar suas linhas de força. Neste contexto, a crítica enfatiza como ler e quais são as categorias de análise, vistas como condição prévia e central para o que deve ser lido e para a investigação dos processos de transformação e composição textual. Trata-se aqui de todo questionamento que visa entender a produção literária escolhida como objeto de análise (e, oxalá também, de prazer) –, uma tarefa que tem de ser consciente, ao mesmo tempo, de sua própria ideologização e de seu momento histórico-social.

A crítica como re-escrita da literatura e, portanto, como reordenação de textos, é responsável pelo traçado que interliga as obras e as incorpora a um desenho histórico. Em outras palavras, ela desenha e constrói o *corpus*, a instituição "literatura". Por esta mesma razão, podemos, por exemplo, apontar as datas de edição de *Facundo* (1845) ou de *Azul...* (1888) como instâncias de mudança. Para nossos próprios tempos e para o romance contemporâneo, consideramos que *Rayuela* (1963) e *Cem Anos de Solidão* (1967) correspondem àquela categoria definidora na qual os epígonos apontam para realizações e inauguram opções para seus inúmeros leitores.[28]

O questionamento que caracterizou a "nova narrativa" e suas melhores consequências foi alcançado rejeitando convenções literárias; exercendo uma crítica constante da representação; interpelando realidades em cada plano discursivo; cultivando aberturas para múltiplos narradores; acolhendo monólogos interiores, ambiguidades e múltiplos pontos de vista e significados; e interrogando os próprios limites da expressão literária. Juntamente com a produção de outros autores, as obras duradouras conseguiram incomodar e, pelo menos em parte, interpelar qualquer proclamação que assumisse, explícita ou implicitamente, o sentido de que a verdade residia na versão oficial de uma história que os estratos médio e superior ou "o grande costume" tinham feito sua. Conscientes do valor atribuído à "diferença" e à "novidade", os textos de maior sucesso também podem ser lidos como uma revisão da história e da tradição literária. Em tais textos, inovar é se confrontar com outra percepção do plausível. É também rejeitar a existência *a priori* da perfeição, pois a nomeação – um ato que metaforicamente evoca o poder de Adão – também define a imperfeição e o inacabado de tudo o que está sujeito a um nome. Por esta razão, os esforços totalizantes de numerosas empresas literárias nas últimas décadas podem ser vistos não como propostas para cobrir todas as facetas do real, mas sim como tentativas de denunciar a impossibilidade de obtê-lo.

---

28 Um exemplo das reações iniciais diante das propostas suscitadas pela nova narrativa está em: Ivan A. Schulman, Manuel Pedro González, Juan Loveluck & Fernando Alegría, *Coloquio sobre la novela hispanoamericana*, México, FCE-Tezontle, 1967.

Este objetivo, que já havia sido confrontado em décadas anteriores por alguns projetos da vanguarda poética,[29] baseava-se em obras que, isoladamente, haviam começado a propor o que viria a ser a norma a partir de meados do século XX. De acordo com Ángel Rama, a vanguarda é uma ruptura e responde ao descompasso entre a tradição recebida e a sociedade latino-americana.[30] Se assim fosse, seria estabelecida uma homologação entre a fratura literária e a ruptura social. Por sua vez, os vanguardistas preferiram enfatizar o fato de serem novos, de parecerem diferentes do que os precedeu e de qualquer outra antecipação. O apelo à novidade e à diferença ressurgiu como um tópico definidor na narrativa do *boom* e de seus arredores. Esta "coincidência" me leva a questionar se estas situações de fratura, de delimitação em relação ao herdado,

---

29 Ver, por exemplo, os materiales compilados em Hugo J. Verani, *Las vanguardias literarias en Hispanoamérica (Manifiestos, proclamas y otros escritos)*. Roma: Bulzoni, 1986; os lúcidos estudos de Jorge Schwartz, *Vanguarda e cosmopolitismo na década de 20. Oliverio Girondo e Oswald de Andrade*. São Paulo: Perspectiva, 1983, e a fundamental análise e recompilação publicada como: *Las vanguardias latinoamericanas. Textos programáticos y críticos*. Madrid: Cátedra, 1991; Tamara Kamenszain, *El texto silencioso: Tradición y vanguardia en la poesía sudamericana*. México: UNAM, 1983. De Nelson Osorio, ver: *La formación de la vanguardia literaria en Venezuela (antecedentes y documentos)*. Caracas: Academia Nacional de la Historia, 1985, e o valioso aporte de *Manifiestos, proclamas y polémicas de la vanguardia literaria hispanoamericana*. Caracas: Biblioteca Ayacucho, 1988. Ver a excelente análise de Francine Masiello, *Lenguaje e ideología. Las escuelas argentinas de vanguardia*. Buenos Aires: Hachette, 1986. Para a integração continental, é particularmente significativo o trabalho organizado por Ana Maria de Moraes Belluzzo, *Modernidade: Vanguardas artísticas na América Latina*. São Paulo: Memorial da América Latina & UNESP, 1990.
30 No já citado Ángel Rama, *La novela latinoamericana*, p. 11.

　　　　　　　　　　　SAÚL SOSNOWSKI

de culto à novidade, não seriam algumas das razões pelas quais, desde o surgimento da narrativa dos anos 1960, a crítica também têm enfatizado a vanguarda.

Borges sempre lembrou que os precursores emergem como resultado de uma obra que repercute sobre o passado.[31] O romance hispano-americano produzido a partir dos anos 1950, que foi identificado como "nova narrativa" e, num regime mais restrito, como o *boom* dos anos 1960, refere-se às obras de autores que foram definidos por sua habilidade em interpelar qualquer estatuto de realidade, por sua antecipadora marginalidade e por seu reconhecimento como autores para os iniciados. A esta categoria pertencem Macedônio Fernández (1874-1952) e Felisberto Hernández (1902-1964), Pablo Palacio (1906-1947) e Juan Emar (1893-1964); Roberto Arlt (1900-1942), Leopoldo Marechal (1900-1970) e Juan Carlos Onetti (1909-[1994]).[32] Suas obras oferecem opções literárias

---

31 "Kafka y sus precursores", *Otras inquisiciones*. Buenos Aires, Emecé, 1960, p. 145-48. Na p. 148, ele diz: "(...) cada escritor cria seus precursores". O labor deles modifica nossa concepção do passado, assim como há de modificar o futuro".

32 Como pode ser facilmente visto, a atenção dada aos autores do "*boom*" é desproporcional, em detrimento de outros narradores, poetas, dramaturgos e ensaístas. Sobre o *boom*, é importante rever as páginas do Emir Rodríguez Monegal, um de seus principais promotores, em: *El boom de la novela latinoamericana*. Caracas, Monte Ávila, 1972, e *Narradores de esta América*. Buenos Aires, Alfa, 1974. Rodríguez Monegal também desempenhou um papel fundamental na divulgação das novas vozes latino-americanas através da revista *Mundo nuevo*, que ele editou em sua primeira etapa (1966-69). Apesar das polêmicas geradas em decorrência de diferentes versões sobre sua independência e apoio financeiro, *Mundo nuevo* carrega os impulsos, os ímpetos, as marcas e as cicatrizes daquela década.
O popularíssimo *Los nuestros* (Buenos Aires, Sudamericana, 1966) de Luis Harss reúne Carpentier, Asturias, Borges, Guimarães Rosa, Onetti, Cortázar, Rulfo,

claras. Sem menosprezar os múltiplos matizes, é possível reconhecer duas propostas que nem sempre foram antagônicas. Por um lado, há aquela que, a partir da continuidade de uma tradição crítica, propôs uma releitura das letras modernas e que reconheceu, pelo menos parcialmente, o impacto da modernidade narrativa. Por outro lado, aquela que, seguindo modalidades herdadas de outras latitudes, estava firmemente comprometida com a árdua experimentação. Seria reducionista manter o traçado de uma oposição fundamental entre "escrita" e "realismo crítico" quando estes mesmos termos apontam para uma gama literária vasta e

---

Fuentes, García Márquez e Vargas Llosa. Ver também Hernán Vidal, *Literatura hispano-americana e ideología liberal: Surgimiento y crisis (Una problemática sobre la dependencia en torno a la narrativa del 'boom')*. Buenos Aires, Ediciones Hispamérica, 1976; Jean Franco, "Modernización, resistencia y revolución". La producción literaria de los años sesenta", *Escritura*, II, 3 (1977), p. 3-19, e "Narrador, autor, superestrella: La narrativa latinoamericana en la época de cultura de masas", *Revista Iberoamericana*, 114115 (1981), p. 12948.

Em *Nueva narrativa hispanoamericana* (Madrid, Cátedra, 1981), Donald Shaw decompõe um "boom I", com Cortázar, Fuentes, García Márquez e Vargas Llosa; um "boom II", com Rulfo, Roa Bastos, Donoso, Lezama Lima e Cabrera Infante; e um "boom júnior", composto por Del Paso, Sáinz, Elizondo, Sarduy, Arenas, Garmendia, González León, Congrains Martín, Bryce Echenique, Viñas, Puig, Néstor Sánchez e Edwards. Veja também: Jaime Mejía Duque, "El boom en la narrativa latinoamericana", em sua: *Narrativa y neocoloniaje en América Latina*. Buenos Aires, Crisis, 1972, p. 109-45; a edição especial organizada por Yvette Miller e Raymond L. Williams, "The Boom in Retrospect: A Reconsideration", *Latin American Literary Review* [Pittsburgh, PA] XV, 29 (1987); Tomás G. Escajadillo, "La novela hispanoamericana re-visitada", *Revista de crítica literaria latinoamericana*, XIII, 25 (1987), p. 139-54, e "La novela hispanoamericana de nuevo re-visitada", *Revista de crítica literaria latinoamericana*, XIII, 26 (1987), p. 185-200. Uma magnífica leitura está em: Gerald Martin, *Journeys through the Labyrinth. Latin American Fiction in the Twentieth Century*, Londres, Verso, 1989.

multiforme. Entretanto, o uso desta terminologia insinua que a ênfase pronunciada na experimentação narrativa serviu para demarcar práticas literárias e para propor "modernidade" em face à "tradição". A adoção de novos recursos narrativos tolerava a incorporação de versões mais flexíveis do tempo e do espaço como alternativas a uma cotidianidade que se percebia como esmagadora. A história tornou-se mais maleável com a intervenção do mito; a passagem do tempo tornou-se menos dolorosa e mais tolerável com sua circularidade e com as chaves de acesso a outras dimensões. Em um registro combinatório, Carpentier afirmou: "O novo romance latino-americano não pode ser diacrônico, mas sim sincrônico, ou seja, deve ter planos paralelos, ações paralelas, e deve ter o indivíduo sempre relacionado com a massa que o rodeia, com o mundo em gestação que o esculpe, que lhe dá a razão de ser, o vigor, a seiva e os meios de expressão em todos os domínios da criação, seja plástica, musical ou verbal".[33]

A capacidade de abandonar o que havia sido herdado, um sentimento de libertação total que deslizou pela língua, a revolução, o sexo, as drogas, a música e o apoio de um público cada vez mais amplo, tudo isso se combinava para proporcionar acesso ao que muitos entusiastas consideravam uma utopia literária. Na página, a imaginação que re-inventava mundos se desdobrava; também o jogo gratuito que chamava a atenção para a engenhosidade e as perecíveis construções de papel. Se alguns textos postulavam o

---

33 Em "Problemática del tiempo y del idioma en la moderna novela latinoamericana", *Escritura*, I, 2 (1976), p. 206. O texto reproduz a conferência dada em maio de 1975 na Universidad Central de Venezuela.

universo, outros apenas expressavam a simples, mas ponderada, felicidade de "jogar com as palavras".

O fato de que o *aleph* ainda seja propriedade de um triste versificador pode explicar porque o trabalho dos narradores que anunciaram a conquista final do universo em (e através de) seus textos não excedeu o tamanho de sua esperança. Diante das profundas mudanças históricas e do desenvolvimento narrativo das últimas décadas, o tão cobiçado "romance da linguagem" é um testemunho eloquente de aventuras valiosas, mas relativamente truncadas; e também de anúncios para outro futuro. Vale lembrar, entretanto, que a ênfase na linguagem como definidora do "novo romance hispano-americano" está associada a uma atitude que era, na época, "revolucionária".[34] Posteriormente, se por um lado alguns trabalhos conseguiram concentrar a atenção no malabarismo da linguagem, textos como os de Néstor Sánchez atingiram um de seus picos e, ao mesmo tempo, o esgotamento de um caminho experimental.[35] Não há uma boa intenção que tenha alcançado um projeto totalizante,

---

34 Diz Carlos Fuentes: "A corrupção da linguagem latino-americana [!] é tal que todo ato verdadeiro de linguagem é, em si mesmo, revolucionário. Na América Latina, como em nenhum outro lugar do mundo, todo escritor autêntico põe em crise certezas complacentes porque remove a raiz de algo que é anterior a elas: uma linguagem intocada, incriada". Mais adiante: "[...] a literatura assegura a circulação vital que a estrutura requer para não se petrificar e que a mudança precisa para ter consciência de si mesma. Os dois movimentos se conjugam novamente em um único: afirmar na linguagem a vigência de todos os níveis do real" (*La nueva novela hispanoamericana*, p. 94).

35 Em *Cómico de la lengua* (Seix Barral, 1973), Néstor Sánchez explorou até a exaustão o que Cortázar propôs em 1962. *Modelo para armar* (Sudamericana, 1968).

                                                                        SAÚL SOSNOWSKI

nem que tenha abarcado em sucessivas e parciais fórmulas o que alguns percebem, inclusive a partir da perspectiva histórica, como a magia contraditória do mundo americano. Que os leitores confiram a certos textos a qualidade de *aleph* é uma indicação de que páginas recentes mereciam ser lidas como clássicos – ou mesmo como reveladoras de um mundo que ansiava por ser representado. Além disso, eles sugerem que um novo público exigiu letras que plasmassem as inúmeras realidades de um mundo cada vez mais conflituoso e violent(ad)o.

Cem anos de Solidão foi considerado, e proclamado em anúncios publicitários, como o romance "em que se identificou a América Latina". Neste duplo sentido, acredito, está centrada a dinâmica da narrativa recente, tanto na possibilidade de auto(re)conhecimento continental latino-americano, quanto também em sua projeção internacional. Isto foi conseguido precisamente quando, confrontada com as verdadeiras alternativas históricas, a América Latina voltava a oferecer ao antigo espaço hegemônico uma dimensão imaginária que ampliava significativamente seus códigos culturais.

Para a Europa, a novidade nunca deixou de ser a marca da identidade de "seu Novo Mundo". O mundo americano a deslumbrou desde que se estabeleceu sempre na perspectiva de Colombo. Os cronistas tiveram que apelar para a maravilha literária a fim de descrever o que se estendia além de um horizonte palpável ou de um fruto da fé. Um deslumbramento imperecível sublinhou o inédito e o surpreendente como um sinal destas terras e de seu material artístico. Esta é uma das razões que nos permite compreender a presença de uma forte corrente regionalista e do recurso a cenários desafiadores, mesmo quando a geografia física parece estar subordinada ao "puramente experimental". Segue-se que, embora seja verdade que a apropriação do americano adquiriu um novo impulso dentro da região, não é menos verdade que a nova narrativa, também aquela instalada no referente americano, não foi isenta de fortes vínculos com o sistema literário ocidental, vínculos que, por sua vez, também repercutiram na produção literária ocidental através de sua apropriação e transformação latino-americana. A crescente "interdependência cultural" já foi apontada por Antonio Candido em *"Literatura e subdesenvolvimento"*:

> A partir dos movimentos estéticos dos anos 1920, da intensa consciência estético-social dos anos 1930 e 1940, da crise de desenvolvimento econômico e do experimentalismo técnico dos anos mais recentes, começamos a sentir que a dependência está caminhando para a interdependência cultural (se é possível usar este termo, que adquiriu recentemente significados tão desagradáveis no vocabulário político, sem mal-entendidos). Isto não só dará aos escritores latino-americanos uma consciência de sua unidade na diversidade, mas também favorecerá obras originais maduras, que serão lentamente assimiladas por outros povos, incluindo os dos países metropolitanos e imperialistas. O caminho da reflexão sobre o subdesenvolvimento leva, no campo da cultura, ao da integração transnacional, já que o que era imitação está se transformando cada vez mais em assimilação recíproca.[36]

---

36 "Literatura y subdesarrollo", in: *América Latina en su literatura*, p. 347. Cándido oferece como exemplo o caso de Vargas Llosa.

   SAÚL SOSNOWSKI

Uma das características definidoras da nova narrativa tem sido sua (auto)percepção como uma empresa de "conquista da realidade". Com o ímpeto do re-descobrimento, nada poderia deter a investida de suas próprias forças ou a grandiloquência de seus projetos. Em vez de consignar as superfícies do mundo americano – uma tarefa realizada por narrativas que seriam abandonadas num galope sustentado – era imperativo reduzir "A Realidade" ao que lhe era próprio, ao conforto solitário de um espaço interior. Tratava-se de uma tomada de posse dos *tropos* que haviam sido frequentados nas metrópoles ocidentais, universalizando-os a partir do americanismo. Como qualquer outra empresa, isto também tinha um custo declarado: em troca de tecnologia, compartilhava-se com o mundo um imaginário americano capaz de compensar as ausências e os detritos do desenvolvimento.

Em *"La tecnificación narrativa"* – um título que unifica a nova linguagem narrativa com seu "homólogo" crítico na era tecnológica –, Rama destacou que o aumento da complexidade, das tensões e dos conflitos da nova sociedade latino-americana aparecem na nova narrativa como signo "que se traduz em uma pluralidade de estéticas que competem entre si. (...) A cosmovisão realista e a fantástica, a atenção referencial à história e sua negação, o manejo da língua culta e a recuperação da fala popular, a expressividade existencial e a impassividade objetivadora, esses opostos conviveram dentro do movimento em doses variadíssimas, através do qual singularizam as parcialidades". Toda essa estrutura, acrescenta, funciona entre os pólos opostos encontrados na América Latina desde suas origens: "o internacionalista, que registra as sucessivas pulsões externas que se distinguem por sua variabilidade, e o nacionalista, que capitaliza as forças integradoras e as tradições, sejam elas autóctones ou acriouladas desde longa data".[37]

Ao largo das variações óbvias que respondem às características próprias das respectivas zonas culturais e dos polos observados por Rama, vale a pena considerar o seguinte: se, por um lado, o transnacional, num eixo que atravessava o Atlântico Norte desde Europa até os EUA, fascinava com seus avanços técnicos e tecnológicos e o vasto alcance de seus meios de comunicação, por outro, diante da necessidade inescapável de ver o mundo a partir do americano, houve aquele formigamento desconfortável que confirmou o fascínio da mentira ou, pelo menos, do estranho. Essa cócegas foi suficiente para ratificar uma pertença íntima às origens – uma pertença que nos permite atravessar fronteiras e construir o espaço da memória em um território que se sabe ser fértil e propício para ela.

Este último componente é particularmente útil para considerar expressões literárias de grupos étnicos minoritários, bem como para refletir sobre os textos produzidos nos exílios mais recentes e considerar sua imbricação nas respectivas literaturas nacionais. Vale a pena lembrar que uma grande faixa da nova narrativa foi produzida fora da América Latina, embora inicialmente sob tensões menos dramáticas do que as causadas pelas ditaduras militares. Quanto a estes últimos casos, e em um arco que também se estende a múltiplos pertencimentos e exílios, considero igual-

---

37 "La tecnificación narrativa", in: *La novela en América Latina. Panoramas 1920-1980.* Bogotá: Procultura, 1982, p. 295.

mente significativo que o próprio ato de escrever no exílio carrega consigo o desejo de recuperar o território abandonado e alterado pela história e pelas ausências. Este desejo é matizado pelo anseio de reordenar o território original – um anseio que certamente está sujeito a diretrizes ideológicas. Por esta razão, nem toda nostalgia evoca espaços utópicos ou ruas que se renderam ao passado. Como pode ser visto em inúmeros trabalhos destas décadas, tanto naqueles que defendem explicitamente mudanças históricas radicais, como naqueles que compartilham deste objetivo, mas se orientam mais ao lúdico e experimental, o que é fundamental é o ato de transformar para voltar a ser.

Quanto aos críticos exilados – a maioria dos quais tem exercido sua profissão em instituições acadêmicas –, é justo lembrar que, além dos aspectos negativos e dramáticos de qualquer exílio forçado, para muitos a saída de seus respectivos países ampliou horizontes que até então estavam quase exclusivamente circunscritos a suas literaturas nacionais. Diante da perda de seu espaço original, os destinatários imediatos de seu trabalho tornaram-se os do país adotivo, com interesses e, frequentemente, exigências diferentes das de seus países de origem. Uma vez iniciados os processos de redemocratização, juntamente com a lenta recuperação do saber e dos anos perdidos, produziu-se, no melhor dos casos, tanto a expansão do público leitor quanto a incorporação de uma dimensão latino-americana no lugar anteriormente ocupado por interesses mais imediatos.

Em contraste com o esquema restrito e marcado de alusões que identifica as obras regionais, uma maior internacionalização na própria dosagem de elementos técnicos, bem como o crescimento de um público sintonizado com as mudanças, promoveu um diálogo interamericano e internacional cada vez mais fluido. A moda(lidade) contemporânea do experimental, presente ao lado de páginas desafiadoras, ainda que "mais tradicionais" – para designar textos que sinalizam uma sensação de ruptura em menor medida – sugere uma ponte formada por línguas e heranças compartilhadas. Capacitados por uma das provocações de *Rayuela* [em português: *O jogo da amarelinha*], poderíamos dizer que se tratava de uma aposta para os leitores cúmplices, um convite para aqueles que sabem como ou o quê desejam jogar. Uma vez incitados a participar da re-criação e recuperação do texto, esses leitores o fariam com plena consciência de que o jogo e o prazer variariam de acordo com o grau de disponibilidade e abertura de cada participante. Embora esta noção já fosse antecipada por Borges em seu primeiro livro (1923),[38] *Rayuela* – o singular divisor de águas destes anos – transforma o pacto interpretativo que percorre as páginas em uma convenção literária, unindo todo fortuito "redator" com seu afortunado leitor.

Não é coincidência que estejamos falando de jogo. Os anos 1960, que são generosamente mitologizados em parte, talvez por causa da decadência posterior, são os anos da revolução política, sexual e cultural. O indivíduo e a sociedade constituem o lugar da trans-

---

38 *Fervor de Buenos Aires* (1923) tem esta advertência: "Aos que lerem": "Se as páginas deste livro contêm algum verso feliz, perdoe-me, o leitor, pela descortesia de tê-lo usurpado eu mesmo, previamente. Nossos nadas pouco diferem; é trivial e fortuita a circunstância que seja você o leitor destes exercícios, e eu seu editor".

formação; são o espaço liberado no qual os poderes reprimidos por uma moral burguesa[39] e por governos nefastos serão reintegrados. Abrir a porta para ir jogar é voltar a uma infância promissora, é "tomar as ruas" para estabelecer o próprio signo de uma busca, o que, em seu sentido político mais amplo, é, igualmente, uma tomada de poder.

A literatura é fogo, disse um de seus maiores contemporâneos, e é também jogo; é um incitamento a quebrar os moldes de todos os ídolos e também uma responsabilidade diante do poder de sua palavra e diante daquela outra realidade cotidiana e metafísica que se desmorona e se eleva sobre seus próprios escombros. É a solitária (e traumática) intimidade e o desencontro com uma mestiçagem cultural que em José María Arguedas (1911-1969) anseia pela harmonia;[40] é a revolução defraudada em Juan Rulfo (1917-1986); é a azeda decadência em Santa María de Onetti; e a destruição meticulosamente programada do condenado Macondo em García Márquez. E tudo isso, paradoxalmente, como parte de um gesto utópico (afinal, o ato de tomar a palavra já não o seria?), que aposta também na máxima especulação com a história e os incertos futuros americanos. Ao mesmo tempo, e numa etapa em que os

---

39 Cf. León Rozitchner, *Moral burguesa y revolución*. Buenos Aires: Tiempo Contemporáneo, 3ª ed. 1969; em outro sentido, ver o meticuloso estudo de Víctor Farías *Los Manuscritos de Melquíades. Cien años de soledad', burguesía latinoamericana y dialéctica de la reproducción ampliada de negación*. Frankfurt: Klaus Dieter Vervuert, 1981.

40 Refiro-me à viagem de *Los ríos profundos* (Buenos Aires, Losada, 1958) à traumática fragmentação do zorro de *El zorro de arriba y el zorro de abajo* (Buenos Aires, Losada, 1971).

sentidos de libertação convergiram com forças repressivas sancionadas pelo Estado, foram fundadas dinastias e espaços em que a magia comungou com a razão como se, diante do cataclismo, sua mera imposição contribuísse para evitar que a história finalmente se desfizesse no vazio.

Trabalhos tão universalizados como os de García Márquez, mas também *Yo el Supremo* (1974) de Augusto Roa Bastos (1917-[2005]), para citar um dos romances mais complexos destas décadas, reforçaram não só a evidente "originalidade" da América Latina, mas também o fato muito mais transcendente de que esta originalidade é um ato de resistência contra séculos de dominação imperial e como um meio de mediatizar ditaduras mais recentes.[41] Justamente porque o território americano não passou pelas mesmas etapas que marcaram o desenvolvimento cultural da Europa, uma vez que

---

41 A confluência de três romances sobre ditadores no mesmo ano deu origem a várias análises do conjunto. Cf. por exemplo, Ángela B. Dellepiane, "Tres novelas de la dictadura: *El recurso del método, El otoño del patriarca, Yo el Supremo*", *Caravelle*, 29 (1977), p. 65-87; outra perspectiva em: Carlos Pacheco, Narrativa de la dictadura y crítica literária. Caracas: Centro de Estudios Latinoamericanos Rómulo Gallegos, 1987. Também: Martha L. Canfield, *"Patriarca" de García Márquez. Arquetipo literario del dictador hispanoamericano*. Firenze: Opus Libri, 1984; Juan Antonio Ramos, *Hacia 'El otoño del patriarca': La novela del dictador en Hispanoamérica*. San Juan: Instituto de Cultura Puertorriqueña, 1983; Julio Calviño, *La novela del dictador en Hispanoamérica*. Madrid: Cultura Hispánica, 1985; Francisco Tovar, *Las historias del dictador. Yo el Supremo", de Augusto Roa Bastos*. Barcelona: Edicions del Mall, 1987; Adriana Sandoval, *Los dictadores y dictadura en la novela hispanoamericana (1851-1978)*. México: UNAM, 1989. Para sua abordagem em "A Ditadura da Retórica / A Retórica da Ditadura", bem como para as ramificações por ele apoiadas, ver Roberto González Echevarría, *The Voice of the Masters. Writing and Authority in Modern Latin American Literature*. Austin: University of Texas Press, 1985.

recebeu daquele "velho mundo" os resultados de vários séculos de decantação cultural e os justapôs e assimilou ao seu próprio desenvolvimento cultural interno, a América tem sido capaz de produzir obras que deslumbram, cegam e silenciam aqueles que adoram o racionalismo e a rigorosa administração do conhecimento e do capital. Assim como a modernização na América se deu aos empurrões, sua produção literária não respondeu aos planos prescritos, mas sim à conjunção desses empurrões. A rejeição dos modelos nacionais ou estrangeiros, o conhecimento da tradição e da história e a resistência à adoção de fórmulas prescritas – resistência cada vez menos evidente nas políticas nacionais em decorrência da atual investida das políticas de mercado – são signos do traço que define as grandes obras americanas. A maravilha americana é a própria recusa em si, é o não submeter-se ao antecipado e o não responder às exigências das metrópoles que possuem perfis cada vez mais difusos e bandeiras transnacionais cada vez mais nítidas em suas exigências de matéria prima vinda da América Latina, para que essa seja moldada e cunhada novamente por mãos estrangeiras. A necessidade de falar do "real maravilhoso" é uma âncora para que o império histórico da imaginação criativa não seja negado ou não se esfume. O maravilhoso é que a resistência ainda seja possível; que haja ainda um discurso que aposta numa possível libertação em uma época em que a própria palavra "libertação" está se esfumando em nostalgia e derrota; e que ainda seja possível, apesar de tudo, enunciar a restauração do humano.[42]

---

42 Mario Benedetti é um dos autores que contribuiu para a demarcação de uma época

As comunidades literárias que surgem em Comala, Macondo e Santa Maria, por exemplo, visam a constituição e o reconhecimento das comunidades sociais e políticas. Nem uma réplica da realidade nem uma prescrição do imaginário, o fato de impô-los a partir do espaço literário aposta num diálogo do possível, na interpretação de uma visão política ausente em outros discursos. Em tempos turbulentos de decomposição e eventual re-constituição, em tempos de insistência no "homem novo" (não tanto na "mulher nova"), no (re)nascimento latino-americano, a construção de mundos que respondiam a uma visão mítica e a uma legislação literária não menos mítica foi uma resposta eficaz a um espaço que se recusou a se submeter à rigidez dos sistemas.

Naqueles anos, uma vez institucionalizada a modernidade narrativa, começou a ser reconhecida também uma "literatura alternativa" escrita a contrapelo, uma paraliteratura que recuperava materiais que a "alta literatura" considerava desprezíveis, e tornava seus os mundos do folhetim, do cinema, do rádio e da televisão. Trata-se de escritores que mais tarde se definiriam como "novíssimos".[43] A convivência e o frequente cruzamento de poesia e pro-

---

e de um estilo. Neste sentido, seus livros de ensaios incluem *Letras del continente mestizo* (Montevidéu, Arca, 1967, que inclui "El boom entre dos libertades", p. 31-48), *El escritor latinoamericano y la revolución posible*. Buenos Aires: Alfa, 1974; e *Crítica cómplice*. Madrid: Alianza, 1988.

43 A afiliação cinema-literatura tem antecedentes memoráveis. Entre elas estão as páginas de Borges e, em uma projeção mais ampla, *A Invenção de Morel* (1941), de Adolfo Bioy Casares (um romance com um prólogo de Borges). Cabrera Infante, Cortázar, Fuentes, García Márquez, Roa Bastos, Viñas, e mais recentemente Piglia, Saer e Skármeta, são alguns que estão associados a vários aspectos da produção

sa, juntamente com a dissolução das fronteiras entre os gêneros literários, tornou-se um lugar comum da época. Ao enfraquecer o rigor formal dos limites, a busca de acesso a outras realidades definiu a própria existência dos textos. Como fizera Morelli, refletia-se sobre o caminho e dissecava-se o traçado que rasgava o papel; datilografava-se (questionava-se: dizia?) e se implantava a dúvida; escrevia-se e questionava-se o significado, o escopo e o ato de enunciação. Desde o romance até o anti-romance[44] – como havia ocorrido antes com a anti-poesia –, ironizava a linearidade e o mimetismo dos antepassados realistas, lutando contra a linguagem fossilizada e promovendo a "obra aberta" como um estatuto da modernização literária. Tal trabalho dispensaria entregas descritivas e cargas prescritivas e se renderia à montagem e ao polimento de cada leitor em um pretenso estado de escassa plenitude.

---

cinematográfica, que vão desde a adaptação de seus trabalhos até a preparação de roteiros e a publicação de comentários críticos.

Sobre as relações literatura/paraliteratura, ver: Myrna Solotorevsky, *Literatura<-->Paraliteratura. Puig, Borges, Donoso, Cortázar, Vargas Llosa, Gaithersburg.* MD, Ediciones Hispamérica, 1988.

Sobre os "novísimos", ver Antonio Skármeta no citado: *Más allá del boom: Literatura e mercado,* p. 263-85; Ángel Rama, "Los contestatarios del poder", prólogo aos seus *Novísimos narradores hispano-americanos em marcha. 1964-1980.* México: Marcha, 1981. Talvez porque ainda lhes falte um perfil definitivo, ou o estabelecimento de um marco próprio, alguns narradores se definiram como pertencentes ao "pós-boom", um termo que já leva a uma obsolescência em curto prazo.

44 "Todos os grandes romances de nosso tempo começaram fazendo o leitor exclamar: 'Isto não é um romance!'": Alejo Carpentier, "Problemática de la actual novela latinoamericana", in *Literatura y conciencia política en América Latina.* Madrid: Alberto Corazón Editor, 1969, p. 17.

Desta forma, o escritor desejoso (a figura desejante) em impor à realidade um mundo autônomo, assim como o seu leitor que se via na antessala da era tecnológica ou, um pouco mais recentemente, diante dos restos de uma pós-modernidade furtiva, se deleitaria a degustar "adamicamente" a escrita.

Neste exercício, duas abordagens da produção textual convergiram: por um lado, era evocada a nostalgia de ser um pequeno deus; por outro, eram explicitadas as teorias narrativas que organizavam o texto. Desta forma, o mistério era dissipado: mais do que criação, o texto é fruto de um árduo labor combinatório que conjuga múltiplas forças, montando-as na página que se sonha tornarem-se memoráveis. Em um nível mais simples, os aspectos teóricos que já saboreavam um caráter cotidiano eram colocados em circulação (ou reciclados). Nesta ordem, o "leitor cúmplice" havia se tornado uma nova categoria do relato. Esta designação, como todo perseguidor sabe, traz consigo responsabilidades; neste caso, não apenas pelo próprio ato de ler, mas também por suas eventuais repercussões. No entanto, o meticuloso chamado de atenção para a opacidade da linguagem e a qualidade do artifício de toda figura de papel daria lugar a outras sobrevivências; e também a incorporações cada vez mais aceleradas, de acordo com a urgência da história e com as exigências de rápidas entregas por parte de editores e consumidores. Há inúmeros exemplos que mostram que a publicação esteve motivada pela necessidade de suprir a demanda, desde álbuns de livros como *La vuelta al día en ochenta mundos* de Cortázar ou *Último round,* e *La ciudad de las columnas,* de Carpentier, até romances como *La cabeza de la hidra* de Fuentes e algumas das obras de

Vargas Llosa.[45] São mais escassos os exemplos que refletem o fato de que a urgência do momento político acelerou sua publicação. Neste sentido, o *Libro de Manuel*, de Cortázar, cumpre com várias tarefas; entre elas, as de entrelaçar literatura e história na medida em que as duas avançam, e de oferecer uma documentação gráfica através da incorporação de notícias à própria densidade da narrativa.[46] Como veremos, este é um ensaio intermediário perante o desenvolvimento de uma importante literatura-testemunho. Tendo mencionado o cruzamento entre história e ficção, vale lembrar que tanto este cruzamento quanto a dissolução das fronteiras de gênero apareceram nas letras americanas a partir do momento que a consciência européia começou a incorporar um mundo que só caberia em sua imaginação através de alusões literárias. Durante os anos que nos ocupam aqui, o projeto de criar "obras totalizadoras" levou à publicação de grandes romances como os de Fernando del

---

45 Cortázar, *La vuelta al día en ochenta mundos*. México, Siglo XXI, 1967, e *Último round*. México: Siglo XXI, 1969; Carpentier, *La ciudad de las columnas*. Barcelona: Lumen, 1970; Fuentes, *La cabeza de la hidra*. México: Joaquín Mortiz, 1978; obras de teatro de Vargas Llosa como a exitosa: *La señorita de Tacna*. Barcelona: Seix Barral, 1981 e, diante de suas obras maiores, ver ainda: *La tía Julia y el escribidor*. Barcelona: Seix Barral, 1977.

46 *Libro de Manuel*. Buenos Aires: Sudamericana, 1973. A explicação de suas intenções no prólogo do romance é valiosa, assim como seu pós-escrito de 7 de setembro de 1972, que registra a máxima cobertura da imprensa sobre o assassinato dos atletas israelenses nos Jogos Olímpicos de Munique e o silêncio absoluto em torno de Trelew. Coerente com o compromisso político articulado neste romance está a publicação da "utopia realizável" *Fantomas contra los vampiros multinacionales* (México, Excélsior, 1975) e o destino que Cortázar deu aos royalties de ambas as obras.

Paso (1935) – *José Trigo* (1966), *Palinuro de México* (1977) e *Noticias del imperio* (1987) –, *Terra nostra* (1975) de Fuentes, *Yo el Supremo* de Roa Bastos, e *La guerra del fin del mundo* (1981) de Vargas Llosa.

A vertigem da novidade, tal como a canonização crítica, não demorou muito para integrar a alternativa paraliterária e a vertente popular em uma nova dobra do *establishment*. Assim, os textos-*gadget* e os que faziam uso dos estimulantes tecnologia-droga-sexo-rock-tipografia (como vemos, por exemplo, nos textos iniciáticos de Gustavo Sainz e José Agustín) envelheceriam rapidamente.[47] Esta vertigem também arrastou textos "críticos" que, com uma exibição de imitação fantasiosa, ansiavam pelo *status* de "originalidade" criativa.

Nos anos 1960, o sucesso estava muitas vezes ligado ao uso sofisticado (e ocasionalmente desproporcional) de recursos técnicos. Diante da exibição crescente, e já pouco deslumbrante, do artifício, a crítica reconheceu um aspecto alternativo na obra de Manuel Puig (1932-1990). Assim, como um contraponto às normas autoritárias, surgiria dela a recuperação da cotidianidade mundana e das vozes esmagadas por uma pequenez citadina. Já em seu primeiro trabalho, *La traición de Rita Hayworth* (1968), Puig evitou o signo de identificação desses anos. Em vez de se concentrar explícita e in-

---

47 Ver, por exemplo, *Gazapo* (1964) e *Obsesivos días circulares* (1969) de Gustavo Sainz; da já longa e frutífera obra de José Agustín, *De perfil* (1966) e *Se está haciendo tarde (final en laguna)* (1973), todas publicadas no México por Joaquín Mortiz. Para o fenômeno da "*la onda*" mexicana: ver Margo Glantz, *Onda y escritura en México*. México, Siglo XXI, 1971, e sua "La onda diez años después: ¿epitafio o revalorización?", *Texto crítico*, II, 5 (1976), pp. 88-102.

sistentemente nos procedimentos do relato – que tanto contribuiu para um novo hermetismo, para a "literatura da incomunicação", como Onetti a chamou –, Puig procurou os efeitos que aquilo que é narrado exerce sobre os leitores. Seus romances apresentam, também, o encontro das linguagens literárias com as linguagens que vêm dos *mass media* e que mais tarde seriam abrigadas, também, debaixo da cobertura da linguagem psicanalítica.

Diante de projetos contemporâneos codificados como ruptura, os textos de Puig propõem o prazer. Em sua leitura, como é graficamente apresentado em *El beso de la mujer araña* (1976), este prazer se tornará outras requisições ao vincular a repressão sexual à repressão política. Em face ao trabalho de Puig, as ações da crítica são significativas. Se, por um lado, o uso de "material descartável", assim como a imposição do folhetim e o cruzamento das línguas literárias com as da mídia de massa, ajudaram Puig a oferecer uma opção literária que rejeitava a constituição exclusiva de uma "alta literatura", a crítica menosprezou suas propostas para incorporá-lo a um cânone acadêmico que era totalmente alheio à sua prática inicial.[48] A apropriação de sua literatura tornou possível trazer para a frente da cena o questionamento do rigor do "estritamente literário". Desta forma, contribuiu para uma maior elasticidade do cânone e também permitiu que os alertas de Juan José Saer sobre a funcionalidade dos *mass media* se tornassem transparentes.[49]

---

48 Um dos estudos mais abrangentes até hoje é Lucille Kerr, *Suspended Fictions: Reading Novels*, de Manuel Puig, Urbana, IL, University of Illinois Press, 1987.

49 Saer apontou a interferência prejudicial dos *mass media* na literatura: "(...) não obstante a contínua interação da literatura e dos *mass-media*, que produz um

Além disso, o culto à inovação e à engenhosidade é evidente nas propostas lúcidas de Severo Sarduy.[50] Seus ensaios incitam a um olhar oblíquo como chave de acesso para acessar a sugestão recôndita de algumas das principais instâncias dos anos 1960. Sua própria elaboração e prática do "neobarroco", com linhas intimamente relacionadas com o desenho cultural de Lezama Lima, proporciona também uma importante reflexão sobre o Barroco.[51] A transgressão das normas e códigos estabelecidos, que é a marca registrada de Lezama, também define, embora a seu modo, a prática de Sarduy. Explorando a inesgotável veia barroca, ele vê sua escrita (também a fase crítica) como o palco de toda a de- e re-composição do universo. Ciente da capacidade de renovação da arte, tendo aceito que o *logos* é incapaz de suprir qualquer ausência, mas tendo a inefável ambição (barroca) de cobrir cada fresta de espaço, a própria enunciação se estabelece como um exercício na totalidade.[52] Haroldo de Campos visualiza o barroco como o campo

---

enriquecimento mútuo num nível superficial, os meios de comunicação também cumprem uma função ideológica em relação à literatura, a função precisa de apropriar-se dela, institucionalizá-la e retardar sua evolução. Eles representam uma força de retenção: "La literatura y los nuevos lenguajes", in: *América Latina en su literatura*, p. 313.

50 "Un 'diálogo' Puig-Sarduy" in: Severo Sarduy, "Notas a las notas a las notas... a propósito de Manuel Puig", *Revista iberoamericana*, 76-77 (julio-diciembre 1971), p. 555-67.

51 Para o caso de Lezama, remeto, entre outros, aos ensaios reunidos em: *La expresión americana*. Santiago de Chile: Editorial Universitaria, 1969, e a *Tratados en La Habana*. Buenos Aires: Ediciones de la Flor, 1969.

52 Cf. Severo Sarduy, "El barroco y el neobarroco", in: *América Latina en su literatura*, p. 167-84; *Barroco*. Buenos Aires: Sudamericana, 1974; e seus ensaios de crítica, *Escrito*

que favorece uma maior abertura de limites: "Barroco na literatura brasileira e em várias literaturas latino-americanas significa, ao mesmo tempo, hibridismo e tradução criativa. Tradução entendida como apropriação transgressiva e hibridismo (ou mestiçagem), como uma prática dialógica e uma capacidade de expressar o outro e de se expressar através do outro, sob a égide da diferença".[53] É esta mesma atitude que lhe permitirá dizer, após invocar Lezama Lima e Valéry:

> Escrever hoje, tanto nas Américas como na Europa, significará cada vez mais, penso eu, reescrever, remapear. Escritores com uma mentalidade monológica, "logocêntrica" – se ainda existem e persistem nessa mentalidade – devem perceber que também será cada vez mais impossível escrever a "prosa do mundo" sem considerar, pelo menos como ponto de referência, as diferenças desses "ex-cêntricos", ao mesmo tempo "bárbaros" (por pertencerem a um "mundo subdesenvolvido" periférico) e "alexandrinos" (por praticarem incursões de "guerrilha" no próprio coração da Biblioteca de Babel) chamados Borges, Lezama Lima, Guimarães Rosa, Clarice Lispector, para mencionar apenas estes exemplos significativos... (p. 51-2).

---

sobre un cuerpo. Buenos Aires: Sudamericana, 1969. Ver também: *Cobra*. Buenos Aires: Sudamericana, 1972. Sobre Sarduy, ver: Adriana Méndez Ródenas, *Severo Sarduy: El neobarroco de la transgresión*. México: UNAM, 1983; Roberto González Echevarría, *La ruta de Severo Sarduy*. Hanover: NH, Ediciones del Norte, 1987.
53 Haroldo de Campos, "Tradición, traducción, transculturación: Historiografía y ex-centricidad", Néstor Perlongher, trad., *Filología*, XXII, 2 (1989), p. 47.

Além de uma abertura máxima para o mundo, com a consequente dispersão de vozes e gêneros, e uma disponibilidade receptiva máxima, Alejo Carpentier se concentra em funções específicas. No já citado *"Problemática de la actual novela latinoamericana"*, ele contrasta a obra nativista com a grande tarefa do romancista americano de hoje: "inscrever a fisionomia das cidades na literatura universal, esquecendo dos tipicismos e costumismos" (p. 17), uma conquista que, segundo ele, explica a crescente circulação mundial da literatura latino-americana. Vale lembrar, entretanto, que o cosmopolitismo não é menos latino-americano do que as práticas literárias mais apegadas ao solo. Carpentier afirma mais adiante: "Nossa arte sempre foi barroca (...) Não temamos o barroquismo, arte nossa (...) barroquismo criado pela necessidade de nomear as coisas, mesmo que ao fazê-lo nos distanciemos das técnicas em voga (...) O estilo legítimo do romancista latino-americano de hoje é barroco" (p. 43-4). Este sentido amplo do barroco, decorrente da exigência genésica de "nomear as coisas", pode ser visto como uma elaboração posterior do confronto com a realidade americana, um encontro que levou Carpentier a estabelecer "o real maravilhoso" como um prólogo ao *El reino de este mundo* (1949) e à sua exclamação: "Mas qual é a história de toda a América se não uma crônica do real maravilhoso?".[54]

---

54 *Prólogo a El reino de este mundo*. Montevideo: Arca, 1966 (1ª. ed., 1949), p. 13. Ver sua *La novela latinoamericana en vísperas de un nuevo siglo y otros ensayos*, México, Siglo XXI, 1981. Em *"Problemática del tiempo y del idioma en la moderna novela latinoamericana"*, Carpentier argumentou: "[...] pela mesma razão que o verdadeiro futuro político de nosso continente está em gestação, pode-se dizer que em nossa vida atual coexistem as três realidades temporais agostinianas: o tempo

Como indiquei anteriormente, o desafio proposto nos romances foi acompanhado por apelos para a crítica se "pôr em dia" com os avanços da narrativa. "A nova narrativa" – costumava ser dito – correspondia a uma "nova crítica". A necessidade de encontrar algum método, algum sistema de ordenação que daria conta de expressões até então inéditas, se reflete em ensaios publicados no final dos anos 1950 e na entrada da década de 1960. O zelo didático estava intimamente ligado a estes esforços, de modo que a feliz expressão de Carpentier, "o real maravilhoso", com suas raízes na arte, se mostrou extremamente útil para a incorporação de um novo regime classificatório em torno das variantes do "realismo mágico". Esta justaposição terminológica se acomodaria à necessidade de descrever o estado das letras americanas, que davam conta de um continente que se recusava a se submeter a outras categorias formais.

O termo "realismo mágico" tem o encanto de um rótulo sugestivo, uma marca que vende, um cartão postal turístico que informa rapidamente ao estrangeiro que as Américas permanecem uma terra ignota, uma terra de maravilha irredutível ao exclusivamente ra-

---

passado – tempo da memória –, o tempo presente – tempo da visão ou da intuição –, o tempo futuro ou tempo de espera. E isto, em simultaneidade" (p. 204). Mais adiante: "(...) Diante desta presença do passado em nosso presente, vivendo num hoje onde já percebemos as palpitações do futuro, o romancista latino-americano tem que quebrar as regras de uma temporalidade tradicional no relato para inventar aquela que melhor convém à matéria da qual trata, ou para se valer – as técnicas são tomadas de onde se encontra – de outras que se ajustam à sua abordagem da realidade. (...) É o material virgem que nossa América oferece ao romancista, são as possibilidades que ele tem de lidar com o tempo sem que se afaste de uma realidade, sem que force os elementos constitutivos do *epos*, sem infinitos" (p. 205).

cional. Nas terras da América, tudo ainda é possível; somente deste lado dos mares o leitor pode recuperar o que outros povos não têm mais, nem mesmo em suas memórias. No circuito universitário, o termo tem se mostrado apto a captar um estilo fugidio e furtivo e a se somar a um conteúdo desafiador. Esta mesma conjunção contraditória implicou que os textos foram extrapolados tanto da tradição e das mudanças literárias quanto da história.[55]

---

55 Alguns textos definidores do "realismo mágico": Ángel Flores, "Magical Realism in Spanish-American Fiction", *Hispania*, XXXVIII, 1 (1955), p. 187-92, reproduzido logo como: "El realismo mágico en la narrativa hispanoamericana", in: Ángel Flores (org.) *El realismo mágico en el cuento hispanoamericano*. México: Premiá, 1985, p. 17-24; Luis Leal, "El realismo mágico en la literatura hispanoamericana", *Cuadernos americanos*, CLIII, 4 (1967), p. 230-35; Enrique Anderson Imbert, *El realismo mágico y otros ensayos*. Caracas: Monte Ávila, 1976; Arturo Uslar Pietri, "Realismo mágico", em seu *Godos, insurgentes y visionarios*. Barcelona: Seix Barral, 1986, p. 133-40. Um barômetro da ascensão desta abordagem em: Donald A. Yates (org.) *Otros mundos, otros fuegos: Fantasía y realismo mágico en Iberoamérica*. East Lansing: Michigan State University, 1975; um balanço em Eileen M. Zeitz & Richard A. Seybolt, "Hacia una bibliografía sobre el realismo mágico", *Hispanic Journal*, III, 1 (1981), pp. 159-67, e em Antonio Planells, "La polémica sobre el realismo mágico en Hispanoamérica", *Revista interamericana de bibliografía*, XXXVII (1987), p. 517-29. Ver de Seymour Menton, *Magic Realism Rediscovered, 1918-1981*. Philadelphia, PA: The Art Alliance Press, 1983. Outra perspectiva em: J. Michael Dash, "Marvellous Realism: The Way Out of Negritude", *Caribbean Studies* [University of Puerto Rico], XIII, 4 (1974), p. 57-70, publicado como: "Negritude - The Anatomizing of the Past", African Studies Association University of the West Indies, *Bulletin* No. 7 (1974), p. 54-67.
Para tomar Carpentier como exemplo: Alexis Márquez Rodríguez, *Lo barroco y lo maravilloso en la obra de Alejo Carpentier*. México: Siglo XXI, 1983; Emil Volek, "Realismo mágico: Notas sobre su génesis y naturaleza en Alejo Carpentier", *Nueva narrativa hispanoamericana*, III, 2 (1973), p. 257-74; Irlemar Chiampi, *El realismo maravilloso: Forma e ideología en la novela hispanoamericana*, pról. de Emir Rodríguez Monegal, Caracas, Monte Ávila, 1983, publicado originalmente como *O realismo maravilhoso. Forma e Ideología no Romance Hispano-Americano*. São

Embora o debate gerado na época pelo "realismo mágico" tenha sido superado em pouco tempo, vale a pena notar que as oscilações em torno do mágico e do maravilhoso – e em outra dimensão, do "fantástico" – denotam a conjunção de vários fatores.[56] Entre eles, a recuperação da dimensão mítica americana – como manifesta o forte substrato do *Popol Vuh* em *Hombres de maíz* (1949) e *Mulata de tal* (1963) de Miguel Ángel Astúrias (1899-1974) –, o impacto da experiência surrealista, e a aceitação de que o domínio do *logos* marcou carências que deveriam ser cobertas por outros meios de conhecimento. Outro fator decisivo foi o ato de desvelar um continente e uma história que exigia modalidades para as quais a rápida adoção de fórmulas importadas se mostrou inadequada. Como já sugerido, este último elemento foi crucial para reconhecer as diversas entonações da crítica que desenha as literaturas americanas, particularmente daquela que não se esconde detrás de uma "neutralidade" inexistente ou das grandes figuras da época.

A poderosa gravitação da moda contribuiu para a geração de uma lista de obras que continuam sujeitas à purificação do esque-

---

Paulo: Perspectiva, 1980) incorpora diversas instâncias e expressões da narrativa hispanoamericana sob o nome de "realismo maravilhoso". Ver a respeito: Gari Laguardia, "Marvelous Realism / Marvelous Criticism", no já citado *Reinventing the Americas. Comparative Studies of Literature of the United States and Spanish America*, p. 298-318.

56 O fascínio pelo "fantástico", e ainda mais pela capacidade de classificação, tende a explicar o sucesso de Tzvetan Todorov: *Introduction à la littérature fantastique*. Paris: Seuil, 1970. Algumas de suas propostas foram adaptadas para a literatura hispano-americana por Ana María Barrenechea, "Ensayo de una tipología de la literatura fantástica", em seus *Textos hispanoamericanos. De Sarmiento a Sarduy*. Caracas: Monte Ávila, 1978, p. 87-103.

cimento e à decantação de critérios de valor tão flutuantes quanto o gosto. No entanto, a força de uma tradição que agora é parte integrante da cultura americana permaneceu constante, e continua a servir como polo de atração para aqueles que compartilham sua herança. Esta comunidade de interesses se manifesta na onda experimental que tem caracterizado um grande setor da narrativa hispano-americana como uma extensão de práticas similares em centros europeus. Embora isto sirva como um sinal de ruptura dentro da tradição literária hispano-americana, ou seja, como uma vontade expressa de ser diferente, não deixa de chamar atenção que a ruptura se baseie em reflexos condicionados diante de modelos oriundos de estados de produção diferentes. A adequação de tais obras a diferentes situações – especialmente quando se leva em conta que a moda literária afeta um setor cada vez maior da população, embora em escala relativamente reduzida – poderia servir para medir sua aceitação e seu raio de influência em diferentes círculos de leitores.

Como já havia se dado com a poesia algumas décadas antes, a "inovação" e a "ruptura" foram institucionalizadas como normas da narrativa recente. O experimental como expressão definidora pressupõe um senso de liberdade no comportamento e na construção do relato, apesar de ter sido solapado por sua canonização. Como em tantos outros níveis, em vez da permanente insistência na descoberta, é a busca que traça o caminho. Portanto, mais do que a reiteração do que foi percorrido, é o retorno depois de ter contemplado o "*kibutz* do desejo" que marcará vestígios para outras travessias. Há inúmeras obras que marcam caminhos e renovadas opções narrativas. Alguns cancelaram todas as imitações ao conseguir o reconhecimento reservado aos clássicos; isto não impediu, entretanto, o sucesso de algumas variações sobre motivos semelhantes. Outros são propostos como um modelo no qual a máxima exploração linguística e narrativa coexiste com a revisão da história e das forças que impuseram uma versão oficial. A esta dinâmica, típica de projetos narrativos com fortes raízes nacionais, como os que animam a produção de Carlos Fuentes para o México, José Donoso (1924-[1996]) para o Chile, David Viñas (1929-[2011]) para a Argentina, Carlos Martínez Moreno (1917-1986) para o Uruguai, ou Salvador Garmendia (1928-[2001]) para a Venezuela, acrescenta-se o fator específico da encenação das línguas americanas.

Embora Astúrias tenham recuperado para a narrativa contemporânea o legado e a sonoridade do *Popol Vuh*, e Rulfo, os silêncios de sua região, são José María Arguedas – que se via como um adorador de uma atividade sagrada – e Roa Bastos que, em minha opinião, melhor exemplificam a transculturação que caracteriza uma ampla zona do território americano. Em suas respectivas obras, *quechua* e *guarani* não são relegados a itálico ou a notas explicativas que simbolicamente denotam a submissão dos vencidos, mas, ao contrário, governam a partir do centro do texto com a força vital dos sobreviventes.[57] Os romances de Arguedas e Roa Bastos

---

57 Cf. Augusto Roa Bastos, "El texto cautivo (Apuntes de un narrador sobre la producción y la lectura de textos bajo el signo del poder cultural)", *Hispamérica*, X, 30 (1981), p. 3-28; uma amostra de seus trabalhos fora do contexto estritamente literário: Augusto Roa Bastos (org.) *Las culturas condenadas*. México: Siglo XXI, 1980. Ver os textos de José María Arguedas reunidos por Ángel Rama em: *Formación*

não propõem, nem, evidentemente, negam a validade dominante da língua do conquistador – sua prosa, na verdade, a revitaliza –, mas tampouco anulam a presença de outros substratos culturais, igualmente válidos, que matizam sua sintaxe e propõem visões de mundo enraizadas no pré-hispânico.

Várias das categorias utilizadas para se referir às literaturas americanas são baseadas em perspectivas européias. Por razões que se referem à sua história colonial e a um desenvolvimento cultural correspondente, mas multifacetado, as inflexões literárias são caracterizadas como movimentos que definem seus modelos. Assim, por exemplo, falamos de neoclassicismo, romantismo, realismo e naturalismo, sendo o modernismo a proposta americana que transformou radicalmente a herança das letras hispânicas. Apelando para modelos estranhos ao seu lugar de origem, e muitas vezes devido a interesses que responderam às transformações econômicas e não a um humanismo desinteressado e altruísta, uma forte corrente anti-escravidão surgiu no Caribe no século XIX.[58]

de una cultura nacional indoamericana. México: Siglo XXI, 1975, e em: *Señores e indios. Acerca de la cultura quechua*. Montevideo: Arca / Calicanto, 1976.

58 Cf. José Piedra, "Literary Whiteness and the Afro-Hispanic Difference", *New Literary History*, XVIII, 2 (1987), p. 303-32. También: Roger Bastide, *Las Américas negras*. Madrid: Alianza, 1969; Samuel Feijóo *et al.*, *Africa in Latin America: Essays on History, Culture and Socialization*. New York: Holmes & Meier / UNESCO, 1984; Richard L. Jackson, *Black Writers in Latin America*. Albuquerque: University of New Mexico Press, 1979; e *The Afro-Spanish American Author: An Annotated Bibliography of Criticism*. New York: Garland, 1980; Marvin A. Lewis, *Afro-Hispanic Poetry, 1940-1980: From Slavery to Negritude in South American Verse*. Columbia: University of Missouri Press, 1983; William Luis, *Literary Bondage: Slavery in Cuban Narrative*. Austin:

 SAÚL SOSNOWSKI

Em meados do século XX, ainda circulavam na região andina romances de corte realista que advogavam pelos direitos das comunidades indígenas. Em ambos os casos, os romances tiveram um claro propósito didático: uma denúncia eloquente das violações e, ao mesmo tempo, um apelo à ação pública. Tanto o negro quanto o índio, no entanto, foram submetidos a um olhar matri/patriarcal benevolente, alheio aos impulsos sociais e culturais originais dos subjugados.[59]

Os textos de Arguedas e Roa Bastos, ao contrário, articulam precisamente a dinâmica de impacto mútuo e a confluência de culturas inicialmente – e talvez para sempre – antagônicas. Não é coincidência, neste sentido, que haja uma respectiva formação antropológica e interesse linguístico bem fundado por parte destes autores; tampouco é um acaso, particularmente em *Yo el supremo*, que o texto tenha reproduzido tanto a estrutura da história indígena quanto a tonalidade de sua língua em um marco formal inovador. Em face à dicotomia Europa-América, ele propõe a Europa e a América. O escritor aberto ao continente não só é senhor do ocidente e das tradições que definem seu destino imediato, mas também, e cada vez mais, das múltiplas expressões que fazem uma renovação permanente do mosaico cultural americano.[60] A cres-

---

University of Texas Press, 1990; e William Luis (org.) *Voices from Under: The Black Narrative in Latin America and the Caribbean*. Westport, CT: Greenwood Press, 1984.
59 Exemplos destas tendências em alguns romances clássicos do gênero: *Sab* (1841), de Gertrudis Gómez de Avellaneda (1814-1873); *Huasipungo* (1934), de Jorge Icaza (1906-1978); e *El mundo es ancho y ajeno* (1941), de Ciro Alegría (1909-1967).
60 Esta ampla herança já havia sido assinalada por Borges em: "El escritor argentino

cente atenção que os críticos têm dedicado a esses autores pode ser compreendida precisamente a partir desta contribuição. Se, no caso de Arguedas, isso se dá através da dramática sobrevivência e defesa do mundo indígena, a voz daqueles que se recusam a ser derrotados pode ser rastreada até as páginas de Roa Bastos através da complexidade narrativa e de um sistema de figurações que o "leitor transnacional" já reconhece como típico da contemporaneidade americana. Vale notar que, em ambos os casos, seu reconhecimento internacional veio após as figuras centrais do *boom* e que ambos foram fortemente questionados por alguns dos arquitetos ideológicos que contribuíram para esse fenômeno editorial.

Em contraste com as opiniões que justificam o sucesso internacional da literatura latino-americana através da "ascensão aos padrões técnicos universais ao mesmo tempo em que se produzirá um suposto declínio da novelística de outras regiões européias", Ángel Rama considera que "o relativo sucesso da narrativa latino-americana reside não apenas em sua evidente modernização, mas também, paradoxalmente, no presumido arcaísmo de sua cosmovisão, de seus temas e de seus modos de operação".[61] Isto quer dizer que uma grande parte do público é atraída por elementos que evocam um fácil reconhecimento de sua própria realidade e não por malabarismos técnicos que desafiam e fascinam o leitor profissional. Tal identificação está mais próxima de uma aceitação nacional do que de uma percepção continental. No entanto, ele se

---

y la tradición", *Discusión*, Buenos Aires, Emecé, 1957, p. 151-62.
61 Ángel Rama, "La tecnificación narrativa", in: *La novela en América Latina. Panoramas 1920-1980*, p. 333.

     SAÚL SOSNOWSKI

afasta do regionalismo pronunciado das últimas décadas, pois codifica o que está mais perto e próximo seguindo os parâmetros de uma escala internacional antecipada. Neste delicado equilíbrio, os múltiplos leitores vêem sua cultura (e podem vir a identificar seus preconceitos) com o entusiasmo produzido pelo reconhecimento; fascinados pelo estranho, eles o examinam (e examinam a si mesmos) como se tivessem sido enfrentados por algo estrangeiro. Esta dinâmica de abertura e fechamento na definição do nacional e do latino-americano corresponde a momentos históricos específicos nos quais o índio, o mestiço, o negro ou o imigrante são tematizados, revalorizados e, em alguns casos, incorporados a uma compreensão mais generosa do americano.

Tanto nas equações políticas quanto nas mediações culturais, centro e periferia têm conotado as relações da América Latina com a Europa e os EUA. Assim como a revolução cubana deslocou a marginalidade política da região, o reconhecimento de uma grande narrativa latino-americana reorientou as relações culturais no mundo ocidental. Para grande parte da América Latina, essa legitimação internacional foi necessária para que a originalidade começasse a tomar seu lugar na cultura nacional. Ao invés de ser um sinal de novidade ou de recuperação do ancestral, esta originalidade deve ser entendida como a apropriação de marcas de identidade. Desde os anos 1960, autores de outros países latino-americanos têm sido lidos mais amplamente na região, embora isso não tenha diminuído a popularidade das respectivas expressões nacionais. O cruzamento entre diferentes zonas linguísticas e culturais (Brasil e Caribe não hispânico como casos emblemáticos) continua limitado;

exercícios críticos que cruzam e vão além desses limites também são raros. Em qualquer caso, e sem que as fronteiras e os nacionalismos tenham sido eliminados, a partir dos anos 1960 houve um crescente anseio pela latino-americanidade, claramente relacionado à disseminação de um ideal ou, pelo menos, de uma retórica revolucionária. Naqueles anos, o ser humano, a arte, a literatura, foram animados por projetos de transformação; confiava-se que a humanidade e suas letras pudessem entrar finalmente num sistema no qual o prazer e a ausência de toda alienação definiriam o futuro. A utopia, entretanto, estava contaminada por incertezas; o sonho estava condenado por uma suposta instabilidade histórica, pela repressão que havia feito sua entrada em Tlatelolco e prosseguiu seu programa com golpes de surpresa ao sul.

Tendo aderido ao centro literário, porém, a nova narrativa continuou a "pensar em voz alta" e a reconhecer as mudanças destas décadas. Ela oscilou entre a história – como Carpentier em *El siglo de las luces* (1962) e Viñas em *Los hombres de a caballo* (1967) – e a crônica de um instante, especulando, como *Farabeuf* (1965) de Salvador Elizondo (1932-[2006]), ou *Cobra* (1972) de Sarduy, sobre o derramamento do prazer e a produção do texto; eram colhidas, como o fez Fuentes, a especularidade erótica da inovação (*Cambio de piel*, 1967) e a reinvenção de histórias fundacionais (*Terra nostra*, 1975); sagas familiares foram recompostas criticamente, como nos romances de José Donoso ou em *Un mundo para Julius* (1970) por Alfredo Bryce Echenique (1939); a mítica vida noturna de Havana foi exaltada em *Tres tristes tigres* (1967) por Guillermo Cabrera Infante; e os mundos que iriam morrer foram fundados em *Los recuerdos del porvenir* (1963) por Elena Garro (1920-[1998]), ou em *Santa Maria esgotante* de Onetti. Dentro deste mesmo aluvião que ratificava a centralidade da narrativa hispano-americana, seguem operando os deslocamentos internos que aproximariam os social e culturalmente marginalizados em relação ao centro; tarefa que ainda deve ser realizada pelos autores de regiões marginalizadas pela desmesura cosmopolita e pelos relegados por causas alheias à sua geografia.

É tautológica a curta duração do retumbante, apropriadamente ruidoso e monossilábico *"boom"*. Mas o fato que o *boom* não foi um estouro furtivo é evidenciado pela produção sustentada dos grupos iniciais e pelo interesse duradouro do público. Uma de suas maiores repercussões, entretanto, deve ser vista no fato de que também irradiava interesse em outros autores americanos dentro e fora da América Latina, e que esta projeção também era retroativa, em direção à recuperação dos precursores.

Os escritores que durante muito tempo seriam vistos como os arquitetos da "nova narrativa" aprenderam e herdaram dos autores mais velhos – tanto dos poetas vanguardistas como dos escritores que eles mesmos ajudaram a resgatar da marginalidade, ignorância ou anonimato (Arlt, Macedônio, Felisberto Hernández) – e também dos contemporâneos (Borges, Paz, Onetti...), o poder que a linguagem tem de penetrar nas realidades, de re-ordenar a história, de re-criar universos ou de começar a olhar seu universo a partir de ângulos inéditos. Este otimismo diante da página, esta certeza – eu diria: este ato de fé – na capacidade transformadora da literatura, só é compreensível em um momento em que a própria realidade parecia ceder à vontade imperiosa de alterar os signos sob os quais a história americana havia sido organizada desde sua violenta incorporação ao mundo do conquistador europeu. E, mesmo visto sob esta luz, estes mesmos termos suscitam outras questões sobre as diversas interpretações das organizações sociais e políticas que, em última instância, não cederam; sobre as aventuras da linguagem que criavam mundos e transpunham falsas percepções enquanto promoviam reencontros com o eu, vistos como etapa prévia para a descoberta do nós [*nos-otros*].

Este postulado reúne duas vertentes das letras (assim como de seu homólogo crítico) e dos já amortecidos debates sobre sua função: a literatura como gozo no refúgio do "eu-tu"; a literatura como bem social que vem a possuir funções utilitárias no "eu-nós". Ao largo dos substratos eróticos e políticos (que não são incompatíveis, como mostram numerosos exemplos deste período), isso também aponta para uma compreensão da literatura que excede outras fronteiras. Além da afiliação reconhecida com suas respectivas culturas nacionais e com a América Latina, os "novos narradores" se fiaram na literatura como se ela constituísse uma primeira (e final) pátria com claras exigências de adesão, lealdade e compromisso íntimo. O "seja fiel a si mesmo" carregou um pesado fardo de responsabilidade profissional e ética tanto com relação à literatura quanto com relação aos destinatários de suas palavras. A fé na autonomia literária também pode ser lida, então, como parte de um compromisso implícito com os anseios de liberdade individual, nacional e continental.

Se for aceito que é possível oferecer opções literárias que vão desde uma ênfase no experimental até a incorporação explícita de referências históricas e sociais, vale a pena refletir sobre suas respectivas mudanças e possível continuidade – insisto que estas opções não são necessariamente antagônicas ou mutuamente excludentes. O compromisso com uma pretensa objetividade absoluta, que reduz ao máximo a participação do eu, tem sido capaz de perdurar, pois respondeu a uma flexibilidade e uma permeabilidade de planos que os padrões do *nouveau-roman* e seus legatários mais imediatos não tinham. Em última instância, as reduções experimentais acabaram sendo lições parciais e não metas a serem alcançadas. Quando, em vez de se limitarem a ser um exercício, tornaram-se um texto impresso, tal escopo significava cair na reiteração de formulações já logradas. O cultivo heterodoxo do debate teórico em torno do discurso literário sugeriu, por outro lado, que as letras adquirem seu significado sempre mutável através da subjetividade igualmente flutuante e de seus condicionantes históricos. É precisamente a partir desta etapa que foram construídas, ao meu ver, as obras mais duradouras desta época.

O signo do perseguidor, altamente definido por uma galeria de personagens de Cortázar, deve ser estendido a uma importante lista de autores que continuam a exercer para a literatura latino-americana uma capacidade de concertação sem precedentes em sua história. Há um consenso sobre os vários fatos editoriais e históricos que marcam o início deste processo. Mas são maiores as questões sobre seu fim.

Como sabemos, os esquemas de periodização, falíveis no passado, são ainda mais questionáveis hoje em dia. A plenitude dos "anos 1960"[62] poderia ser enquadrada pelo segmento histórico de 1959 a 1973, ou seja, desde o triunfo da revolução cubana até a queda da democracia chilena – um trágico marcador das ditaduras que atormentavam a região, "abaixo" do precoce militarismo brasileiro

62 Os anos sessenta foram anos de plenitude narrativa. Até 1967, data da publicação de *Cem Anos de Solidão*, foram publicados, *entre outros*, os seguintes romances: *Los premios*, de Cortázar, em 1960; *El astillero* de Juan Carlos Onetti e *El coronel no tiene quien le escriba* de García Márquez, em 1961; *El siglo de las luces*, de Alejo Carpentier, *Sobre héroes y tumbas*, de Ernesto Sábato, *La muerte de Artemio Cruz*, de Carlos Fuentes, e *Oficio de tinieblas* de Rosario Castellanos, em 1962; *Rayuela*, *La ciudad y los perros*, de Mario Vargas Llosa, *Mulata de tal*, de Miguel Ángel Asturias, e *Los recuerdos del porvenir*, de Elena Garro, en 1963; *Todas las sangres*, de José María Arguedas, e *Juntacadáveres*, de Onetti, em 1964; *La casa verde*, de Vargas Llosa, e *Farabeuf*, de Salvador Elizondo, em 1965; *Paradiso*, de José Lezama Lima, *Este domingo*, de José Donoso, e *José Trigo*, de Fernando del Paso, em 1966; *Tres tristes tigres*, de Guillermo Cabrera Infante, *De donde son los cantantes*, de Severo Sarduy, *Morirás lejos*, de José Emilio Pacheco, *Cambio de piel* e *Zona sagrada*, de Fuentes, em 1967. Esta mesma lista chama a atenção para o pequeno número de mulheres escritoras incluídas neste primeiro reconhecimento, um fenômeno que tem sido abordado mais efetivamente pelos críticos nos anos seguintes a este período em obras como: Gabriela Mora & Karen S. Van Hooft (eds.) *Theory and Practice of Feminist Literary Criticism*. Ypsilanti, MI: Bilingual Press, 1982; Beth Miller (ed.) *Women in Hispanic Literature: Icons and Fallen Idols*. Berkeley: University of California Press, 1983; Rose S. Minc (comp.) *Escritoras de la América Hispánica*, número especial de *Revista iberoamericana*, LI, 132-33 (1985); Mary Louise Pratt e Marta Morello Frosch (coords.) *Nuevo texto crítico*, II, 4 (1989), número especial dedicado a "América Latina: Mujer, escritura, praxis"; Helena Araújo, *La Scherezada Criolla. Ensayos sobre escritura femenina latinoamericana*. Bogotá: Universidad Nacional de Colombia, 1989; Jean Franco, *Plotting Women: Gender and Representation in Mexico*. New York: Columbia University Press, 1989; Patricia Elena González & Eliana Ortega (comps.) *La sartén por el mango: Encuentro de escritoras latinoamericanas*. San Juan: Huracán, 1984. Várias bibliografias dão um valioso inventário; entre elas: Doris Meyer and Margarita Fernández Olmos (eds.) *Contemporary Women Authors of Latin America*, 2 vols., Brooklyn, Brooklyn College Press, 1983; Diane E. Marting (ed.) *Women Writers of Spanish America: An Annotated Bio-Bibliographical Guide*. New York: Greenwood, 1987.

e do longevo autoritarismo paraguaio. Também se torna funcional recuperar o arco mais amplo (retoricamente, talvez mais eficaz) que vai desde as estratégias revolucionárias para a libertação da América Latina e a vertiginosa queda na repressão estatal até chegar nos processos atuais de redemocratização. No entanto, nos anos que foram necessários para que se pudesse dizer "da revolução à democracia", também se desenvolveram lineamentos literários que tornam difícil fazer um traçado uniforme da topografia das letras. Para um processo de longo prazo como a história literária, esta minha recensão preliminar permite vislumbrar os epígonos e desconsiderar algumas propostas que foram importantes, mas contingentes; ela também nos lembra que uma de suas tarefas centrais é resgatar vozes ausentes.

Se uma das facetas primordiais da nova narrativa tem sido seu compromisso com a recuperação de uma realidade menos alienante, esta tarefa constante de cartógrafos, exploradores e intérpretes, típica de uma certa crítica literária, não é talvez totalmente alheia a esse modesto fim literário que celebra a ausência de vazios e o fundamento de novas tradições. É claro que, embora a narrativa dos anos 1960 tenha sido primordialmente um divisor de águas para o romance, ela também serviu para estabelecer os parâmetros para a atenção crítica à produção americana.

***

Como indiquei no início, o texto original serviu de introdução aos quatro volumes de *Lectura crítica de la literatura americana* (Caracas: *Biblioteca Ayacucho*, 1996-1997). Ao desenvolver os critérios que determinaram a seleção dos textos que os compõem, estabeleci a mim mesmo dois objetivos. O primeiro foi oferecer uma amostra das diversas entonações que configuram o campo da crítica na segunda metade do século XX. O segundo foi organizar as análises que combinaram os séculos e os textos, tornando possível que esses volumes pudessem ser lidos também como uma história literária conjunta, inevitavelmente marcada por esses tempos; é uma versão, naturalmente, sujeita a múltiplas aproximações, a cortes inevitáveis e a ausências. Não foi minha intenção fornecer um único ponto de vista ou homogeneizar o estado da crítica; tampouco, por conseguinte, privilegiar uma única versão das literaturas americanas. Ao contrário, esta proposta se fundamenta no fato de que temos um mosaico variado de abordagens críticas e que essas, por sua vez, geram diferentes versões das literaturas que estudam.

A complexa heterogeneidade americana me obrigou a dispensar as críticas produzidas sobre a literatura brasileira – embora eu tenha incluído textos de críticos brasileiros – e sobre o Caribe não-hispânico. Sua incorporação, que a partir de todos os pontos de vista é desejável e imperativa, teria aumentado consideravelmente a quantidade de material a ser incluída nesta seleção, que já excede as 3.000 páginas. Com estas importantes advertências, que indicam uma tarefa pendente, gostaria de salientar que procurei refletir a heterogeneidade das Américas para que, a partir dela, suas múltiplas versões possam ser delineadas e seja possível obter um registro múltiplo de como as críticas, desde 1951 – data do texto mais antigo – até hoje [início dos anos 1990], têm lido e interpretado a literatura desta região.

A partir de diferentes geografias, cada época escreve sua própria história e organiza sua própria cultura. Os textos que reúno provêm de diferentes latitudes, têm origem em diferentes posições ideológicas e teóricas, respondem a diferentes impulsos e motivações e, portanto, produzem múltiplas versões literárias. Além disso, o índice destes volumes marca, às vezes por sua própria ausência, problemas no circuito de produção e distribuição de livros e revistas e, em raras ocasiões, a decisão de permanecer fora desta composição de lugar.

Forjar uma tradição é formular uma herança ou, no mínimo, deixar um registro testemunhal da passagem do tempo. Além das condições fortuitas que levam ao estudo de autores ou instâncias específicas da vasta gama que desenha a literatura americana, além do regime de inclusão-exclusão, os textos que organizam esta leitura e que, por várias razões, consideramos duradouros, participam de um grau de compromisso com a história e os futuros, ao qual a empresa da crítica literária não é alheia.

Os espelhos e as perspectivas que povoam a casa das letras são abundantes. Instalados nela, não podemos deixar de recordar outros tempos quando, por exemplo, o Romantismo fez da literatura um paradigma de liberdade criadora e, ao mesmo tempo, de dissolvente dessa liberdade; quando, a partir do caos, promoveu aventuras que abraçaram o desejo e a possibilidade de criar uma nação. Estamos agora longe desses tempos, mas não deixamos de ser marcados por aquela pitada de ilusão e utopia que, com uma doce cócegas, sussurra que ainda é possível participar, ainda que por muito pouco, daquele conhecimento que já é uma tomada de consciência de nosso espaço e de nosso ser em terras americanas.

Como especialistas, nós, os críticos, participamos de uma constante recomposição dos sistemas de expressão. Em dias vertiginosos que são definidos pela fratura de esquemas onde ritmos pulsantes são percebidos em expressões de uma arte que quer ser efêmera, construída com um material visivelmente descartável a fim de promover sua rápida decomposição; em dias em que alguma "nova sensibilidade pós-moderna" pode até apostar em uma literatura sem causa; nestes dias, a recensão desta produção crítica oferece um estado mais lento da questão, um certo balanço diante da rápida expansão e do veloz esgotamento dos termos flutuantes da moda. Oxalá responda, também, a outra ambição dos cartógrafos: a de redimensionar os limites, traçar e cartografar os rumos, estimular uma próxima partida.

CYPRIPEDIUM COTHURNUM

(Tab 65.)

Gynand. Diand.

EPIDENDRUM OCTANDRUM

(Tab. 21.)

MEMÓRIAS DE BORGES (ARTIFÍCIOS DA HISTÓRIA)

Em junho de 2000, foi realizado um encontro de escritores latino-americanos em Buenos Aires sob a rubrica "Borges e eu".[1] Cinquenta narradores e poetas de três gerações diferentes, de diversas colorações ideológicas e exercícios de vida, falaram sobre Borges a partir de seu "eu". Dentre as conclusões matizadas que retirei de suas vozes, estão incluídas as constatações de que a paixão por sua obra continuará marcando vestígios em toda a prática literária; que a impassividade diante de Borges não é uma opção (embora ignorá-lo o possa ser); e que a existência de tantos registros com uma escassa coincidência no que é citado revela que cada um de nós construiu e continuará a construir seu próprio "Borges", como ele mesmo previu várias décadas atrás. O diálogo foi estabelecido com base nos textos, com numerosas evocações de seu humor e de

---

1 Organizado pela Universidade de Maryland e patrocinado pelo *Fondo Nacional de las Artes*, "Borges y yo" teve lugar na Biblioteca Nacional da Argentina. Os textos foram publicados em: Saúl Sosnowski e Horacio Salas (eds) *Borges y yo: diálogo con las letras latinoamericanas*. Buenos Aires, Fondo Nacional de las Artes, 2000.

sua provocação intelectual. Houve poucas alusões à história, embora não tenham sido omitidas as referências aos anos de chumbo e o reconhecimento de Borges desse período.[2] A maior ênfase, no entanto, foi dada à dimensão imaginária.

A história não foi protagonista em uma profunda reflexão, talvez porque se tratava de celebrar o centenário de seu nascimento, porque os anos mitigaram as paixões, porque suas propostas são mais amplamente compreendidas ou, também, por causa do próprio curso de toda a jornada. Os tempos do Borges de luz e sombra – alguns dos melhores exemplos dos quais foram coletados em *AntiBorges* – foram deslocados por outros interesses. O levantamento da crítica sobre sua obra mostra que a relação de Borges com a história não mereceu a atenção que os motivos mais populares e definidores de seu trabalho receberam: desde espelhos, labirintos,

---

2 Diante da fácil condenação das primeiras declarações de Borges sobre Videla, da condecoração que aceitou de Pinochet e de suas opiniões que certamente expressavam um desejo de chocar, vale lembrar que Borges assinou uma petição das *Madres de Playa de Mayo* e condenou a ditadura – como também se pôs contra a Guerra das Malvinas em seu poema "Juan López e John Ward". Em uma nota publicada no *Clarín* em 28 de outubro de 1993, Juan Gelman lembra a opinião de Borges sobre a morte de Julio Cortázar. Borges "declarou-se honrado por ter publicado o primeiro texto de Cortázar a ver a luz do dia – 'Casa tomada' – e [que] em um breve parágrafo final (aplicável ao próprio Borges) aludia ao contexto: 'Julio Cortázar foi condenado, ou aprovado, por suas opiniões políticas. Fora da ética, entendo que as opiniões de um homem são geralmente superficiais e efêmeras". É assim [Gelman conclui] que a grandeza responde à mesquinhez, e a covardia, ao valor verdadeiro". Originalmente publicado na Página/12, "Borges o el valor", incluído em *AntiBorges*, compilação e comentários de Martín Lafforgue, Buenos Aires, Javier Vergara, 1999, p. 333-36.

SAÚL SOSNOWSKI

tigres e tempos circulares até o uso não menos sutil da fantasia, da teologia e da violência.

Poucos de nós lidamos com as relações literárias de Borges com a história.[3] As razões para esta discrepância pertencem mais à história da crítica do que a Borges, mas também apontam para mudanças nos estatutos da literatura e de sua ideologização nos espaços acadêmicos. Além disso, creio que respondem ao fato não trivial de que a especificidade histórica, a soma de cenários precisos e figuras verificáveis em crônicas que obedecem a um regime narrativo diferente, foi considerada por Borges como o domínio do realismo, diante do qual ele manteve distância e com o qual polemizou durante várias décadas em decorrência da filiação realismo-nacionalismo. Se o uso da história era visto como característica dos escritores "comprometidos", a inscrição de Borges na literatura fantástica ou "irreal" cegava o leitor ávido por encaixotamentos.

Uma releitura de Borges, mesmo sem os títulos que ele censurou e omitiu de sua versão pessoal das *Obras completas*[4], mostra que

---

3 Entre eles: Julio Pimentel Pinto, *Uma memória do mundo. Ficção, memória e história em Jorge Luis Borges* (São Paulo, Estação Liberdade, 1998); Daniel Balderston, *¿Fuera de contexto? Referencialidad histórica y expresión de la realidad en Borges* (Rosario, Beatriz Viterbo, 1996 [1a ed. en inglés, 1993]); Annick Louis, "Borges y el nazismo" (*Variaciones Borges*, 4 [1997], p. 117-36; Em meu já distante "'Tlön, Uqbar, Orbis Tertius': Historia y desplazamientos" (*Eco*, 203 [1978], p. 156-64), eu sinalizo o futuro que Borges vislumbrará no começo dos anos 1940 diante do então possível triunfo do nazismo. [Entre as publicações posteriores sobre o tema, ver: Annick Louis, *Borges ante el fascismo* (Oxford, Peter Lang, 2007) e Leonardo Senkman e Saúl Sosnowski, *Fascismo y nazismo en las letras argentinas* (Buenos Aires, Lumiére, 2009)].

4 Refiro-me a livros de Borges como *Inquisiciones*, aos seus poemas dedicados

ele nunca se esqueceu da interferência da história ou da inscrição específica de todos os presentes nela. O aspecto literário ao qual ele a submeteu lhe exigiu pensar em como incorporá-la a um sistema que pudesse dar conta de sua parcialidade em uma linguagem que, por sua própria natureza, muda tanto quanto seus leitores. Em primeira e em última instância, o eixo que permeia tudo tem sido o problema de traduzir a "realidade" em "linguagem". Ao passar para uma linguagem compartilhada – tendo deixado para trás, ou para frente, a inaudível voz Divina –, são toleradas as modificações inerentes a todas as enunciações. Entrar no reino humano é acessar o falível, o imperfeito, o incompleto, o historicizável; é começar a busca por tudo aquilo do qual se carece. Ao exaltar a capacidade do indivíduo, o "eu" encena a captura do outro, desse outro que torna possível o ato da linguagem e, em outra ordem, da história.

Apesar das múltiplas aparências, e do "nosso pobre individualismo"[5], nada no trabalho de Borges começa e termina com o eu:

à Rússia e a outras instâncias que podem ser derivadas da leitura dos textos compilados em: *Jorge Luis Borges en 'Sur', 1931-1980* (Buenos Aires, Emecé, 1999); *Borges: obras, reseñas y traducciones inéditas. Colaboraciones de Jorge Luis Borges en la 'Revista Multicolor de los Sábados' del diario 'Crítica', 1933-1934* (Pesquisa e compilação de Irma Zangara, Buenos Aires, Atlántida, nueva ed. rev., 1999); *Textos recobrados, 1919-1929* (Buenos Aires, Emecé, 1997).

5 O "Nuestro pobre individualismo" começa com as ilusões perenes do patriotismo antes de lidar com as peculiares expressões do nacionalismo argentino. Sua composição data de 1946, uma data propícia para compreender a posição de Borges em face ao peronismo e ao período pós-guerra. Ele diz: "Para o europeu, o mundo é um cosmos, no qual cada pessoa corresponde intimamente à função que desempenha; para o argentino, é o caos". Mais tarde, ele conclui: "O problema mais urgente de nossa época (já denunciado com lucidez profética pelo quase esquecido

nem o drama de quem entende o compromisso de ter vislumbrado o *aleph* – uma experiência que deve ser traduzida em uma linguagem acessível aos homens –; nem a inútil precisão linguística de Funes, impedido do comércio dialógico; nem a ambição do sonhador em *"Las ruinas circulares"* que deseja impor um filho à realidade e é consumido pela humilhação do não-ser. Grande parte de sua obra, além disso, codifica os limites do discurso histórico, propondo alternativas para o enunciado dos tempos e, ao mesmo tempo, pressionando os limites de todo discurso.

Por meio de estratégias não totalmente diferentes daquelas que a literatura empunha, a história é montada para dar sentido às guerras e conflitos; também, para forjar uma malha coesiva que será chamada de povo ou nação. Observamos isso na forma como Borges lê as histórias da literatura, bem como nas referências específicas aos modos como a escrita da história responde às urgências políticas. Embora tenha se tornado um lugar comum afirmar que Borges reduz tudo à literatura e, aludindo às suas próprias expressões, que até mesmo o que é exaltado por poderes supostamente divinos transforma-se em ramos da literatura fantástica através de suas mãos, é importante sublinhar que, de sua parte, o

---

Spencer) é a interferência gradual do Estado nos atos do indivíduo; na luta contra este mal, cujos nomes são comunismo e nazismo, o individualismo argentino, talvez inútil ou prejudicial até agora, encontrará justificação e deveres". E ele termina com a seguinte reflexão: "O nacionalismo quer nos envolver com a visão de um Estado infinitamente irritante; essa utopia, uma vez alcançada na terra, teria a virtude providencial de fazer com que todos desejassem e, finalmente, construíssem sua antítese". *Otras inquisiciones* (1952), em: *Obras completas*. Buenos Aires: Emecé, 1974, p. 659. Todas as citações são desta edição.

jogo não implica em cinismo, muito menos em confusão. Podemos ler sua obra como ele lê literatura; isto é, "fora do contexto" ou "fora do lugar" [*corrido de lugar*], como sugere Ricardo Piglia, e talvez devamos fazê-lo para decifrar e apreciar seu enquadramento, mas, como veremos particularmente em textos relacionados à Segunda Guerra Mundial, ao nazismo e ao fascismo, nos quais me concentrarei, nem tudo que ele escreveu se enquadra nas regras que se tornaram o signo de sua "literatura".[6]

Refiro-me, por exemplo, à sua nota sobre a depuração ideológica de uma história da literatura alemã durante o regime nazista, o que lhe permite distinguir, de certa forma normativa, entre ato político e responsabilidade cultural: "Parece-me normal que os alemães repudiem o Pacto de Versalhes. (Não há um *bom europeu* que não abomine este instrumento rancoroso). Parece-me normal que eles abominem a república, o que foi um arbítrio ocasional (e servil) para se envolverem com Wilson. Parece-me normal que eles

---

6 Em uma entrevista realizada por Sergio Pastormerlo, Piglia diz, referindo-se à "crítica borgesiana, o que de muitas maneiras eu chamaria de o próprio borgesiano: a ideia de que o enquadramento, o que poderíamos chamar de quadro [*marco*], o contexto, as expectativas de leitura, constituem o texto. (...) Em Borges, a ruptura do quadro é um elemento básico de sua própria ficção: Bioy Casares perfura o quadro e aparece em 'Tlön. Borges escreve textos que parecem ser enquadrados autobiograficamente, mas que são cruzados por elementos de ficcionalização. (...) Eu diria que a leitura de Borges consiste em ler tudo fora do contexto: vamos ler filosofia como literatura fantástica... Este movimento de deslocamento é a operação básica da leitura de Borges e é o que produz o efeito que chamamos de "o borgesiano". Poderíamos dizer que consiste em ler tudo como literatura, mas poderíamos dizer também que consiste em ler tudo fora do lugar [*corrido de lugar*]": Ricardo Piglia, "Los usos de Borges", Variaciones Borges, 3 (1997), p. 25.

                                                        SAÚL SOSNOWSKI

coloquem seu fervor no homem que lhes promete a reivindicação de sua honra. Parece-me insensato que eles queiram, pela honra, sacrificar sua cultura, seu passado, sua probidade, e que rancorosamente estudem como bárbaros".[7] A transformação denunciada por estas linhas será mais profunda, e mais radicalmente exposta, menos de dois anos depois em *"Tlön, Uqbar, Orbis Tertius"*: uma "história harmoniosa (e cheia de episódios comoventes) obliterou aquela que presidiu minha infância; já nas memórias um passado fictício toma o lugar de outro, do qual nada sabemos com certeza – nem mesmo que seja falso. A numismática, a farmacologia e a arqueologia foram reformadas. Entendo que a biologia e a matemática também estão aguardando seu avatar..." (p. 443).

A citação corresponde a um pós-escrito de 1947; ou seja, sete anos após a publicação do texto, confirmando assim o medo do campo democrático durante a ascensão militar do nazismo. Mas, neste caso, é mais importante notar que o pós-escrito começa com a seguinte precisão: "Reproduzo o artigo anterior tal como apareceu na *Antología de la literatura fantástica* de 1940, sem outra excisão que algumas metáforas e uma espécie de resumo zombeteiro que agora é frívolo. Tanta coisa aconteceu desde então..." (p. 440). Estas "coisas" condizem com a penetração sutil e cada vez mais acelerada de *Tlön*. Em sua previsão, Borges apela simultanea-

---

7 "Una exposición afligente", comentário sobre a revisão da *História da Literatura Alemã* de A. F. C. Vilmar, que exclui Heine, distorce outros autores e incorpora panegíricos aos discursos de Hitler, um vasto romance simbólico de Goebbels, e aclama Alfred Rosenberg. Sur, VIII, 49 (outubro de 1938), em: *Borges in 'Sur'*, p. 155-57; citado nas p. 156-57.

mente à literatura e à alteração feita pela história, não apenas do futuro, mas também de um passado cada vez mais condicionado às necessidades do Estado totalitário. Diante da criação de uma nova história universal da infâmia, que exige a submissão do indivíduo aos ditames de uma única versão da realidade, o refugiado anuncia: "Não presto atenção, continuo revisando nos dias de silêncio do hotel em Adrogué uma tradução quevediana indecisa (que não pretendo pôr em publicação) do *Urn Burial* de Browne" (p. 443). Trata-se de um ato de resistência "metafísica": a tradução é feita entre idiomas que logo perecerão; além disso, o exercício em si carece de um fim material, pois nunca será impresso e, portanto, o diálogo que é próprio de toda literatura nunca acontecerá. É um retorno ao início que levou à descoberta de *Tlön*: um movimento de especulação sobre um romance para muito poucos leitores, para uma atitude semelhante à de Tzinacán em *"La escritura del dios"*; ou seja, a integridade do eu é afirmada como um valor mais alto, ou pelo menos como resistência a imposições externas.[8]

Reduzir o mundo ao tamanho de um corpo ou de uma vontade, ou perseverar no que se é, não é abdicar. Colocando os textos em diálogo, "A ética supersticiosa do leitor" sinaliza: "A literatura é uma arte que sabe profetizar aquele tempo em que terá ficado

---

8 A atitude de Tzinacán também pode ser lida como um gesto altruísta. Ao não pronunciar a fórmula que lhe permitiria governar um império maior que o governado por Montezuma, sua generosa renúncia não apenas salvaguarda seu ser, mas também, ao reconhecer o fim de sua própria visão de mundo, permite que não cesse o devir da história. Eu desenvolvi esta opção em: "'The God's Script' - A Kabbalistic Quest", *Modern Fiction Studies*, XIX, 3 (1973), pp. 381-94.

muda, e se encarnar com sua própria virtude e se apaixonar por sua própria dissolução e cortejar seu fim".[9] Mais do que abandono e renúncia, então, mais do que a rendição do universo à vontade de uma seita de enxadristas, o ato literário aponta para a interpretação da história e, talvez mesmo, para uma fórmula capaz de afastar os males do fim.

A história e a literatura, deduzimos, estão relacionadas em termos de diferentes graus de posse das múltiplas realidades que enunciam. A matéria histórica não é apenas a enumeração, mas também a interpretação dos fatos. Por outro lado, como refletem as crônicas de todo patriotismo e de nacionalismos aplicados, o dado objetivo, facilmente condicionado às necessidades do cronista e seus interesses da época, exige o acréscimo de uma dimensão cujo uso é muitas vezes estranho à escrita ortodoxa da história: a razão da ética.[10] E precisamente quando isto se choca com a vontade de poder, a ética é frequentemente marginalizada ou desaparece,

---

9 *Discusión*, en *Obras completas*, p. 205. O texto é de 1930.

10 Em um retrato medido de Oswald Spengler, Borges diz: "Schopenhauer escreveu: 'Não há ciência geral da história; a história é o insignificante relato do sonho infindável, pesado e desemaranhado da humanidade'."

"Spengler, em seu livro [*O declínio do Ocidente*, Vienna, 1918], se propôs a demonstrar que a história poderia ser algo mais do que uma mera enumeração mexeriqueira de fatos particulares. Ele queria determinar suas leis, para estabelecer as bases de uma morfologia de culturas. Suas páginas viris, escritas na época entre 1912 e 1917, nunca foram contaminadas pelo ódio peculiar daqueles anos". A nota conclui com uma opinião que exalta a elegância da letra acima dos viciados argumentos de Spengler e seu uso na Alemanha de Hitler: "Seu conceito biológico da história pode ser contestado; não seu esplêndido estilo". Publicado em *El Hogar*, 25 de dezembro de 1936; incluído em Captive Texts, Collected Works, IV, p. 238.

adquire uma definição própria de necessidades imediatas ou se retira para a vontade do indivíduo. O conflito recrudesce quando diferentes versões da história, da justiça e da ética como vontade do Estado competem pela posse do território e da geografia humana. É sob estas condições que as categorias do Bem e do Mal são sedimentadas e o terreno mais poroso de ideologização é inserido.[11]

Esta complexa trama está subjacente à construção de Borges e informa o diálogo constante que ele manteve com as letras e com as armas, com sua prática e sua aspiração. Enquanto a literatura conjecturava sua própria coerência, em outro nível, ele estava assentando a confiabilidade dos textos da história. O culto à coragem, a constante evocação das mortes heróicas, a violência dos homens e dos instrumentos que usaram (e lhes usaram) para impor o rastro da morte, alternam, neste *corpus* agora completo,

---

11 Tendo tratado a história como fabricação em sua análise de Evaristo Carriego, ao analisar "Tema del traidor y del héroe", Enrique Pezzoni disse: "A história, por um lado, como documento, em oposição à história como trama, como urdidura, como fabricação, ou seja, como ficção; ou seja, como literatura. Subordinação da história à literatura, em definitivo, entendendo-se a literatura como mobilizadora de sentidos possíveis: a vantagem da literatura sobre a história é que a literatura interpreta significados, descarta essas interpretações para outros tipos possíveis de interpretações; neo-aristotelicamente, o narrador poderia dizer: a literatura é mais filosófica do que a história, posto que propõe sentidos mesmo que seja para estabelecer séries provisórias, séries intercambiáveis, séries sucessivas, no sentido de que uma substitui a outra (...) não há documento que não seja urdidura e fabricação. É uma forma de visualizar um conflito ideológico: a impossibilidade de qualquer documento fidedigno, em suma". *Enrique Pezzoni, leitor de Borges. Lecciones de literatura 1984-1988*, Organizado e prefaciado por Annick Louis. Buenos Aires, Sudamericana, 1999, p. 58.

com o olhar fascinado nos limites daquela imaginação que inclui o amplo (e crescente) repertório que identificamos com o nome Borges. Entre os vários motivos que (me) atraem a esta rubrica está precisamente aquele "e" que conjuga mundos que nem sempre são dessemelhantes – nas letras, lembremo-nos, está assentada a memória das armas – e que me permitem resgatar e compreender algumas das primeiras causas de sua constante fascinação.

Voltamos inevitavelmente à espinha dorsal da literatura argentina e de numerosas histórias (ou a uma mesma história) não circunscritas a um único território nacional. Refiro-me a "civilização e barbárie", ao interesse inelutável de Borges em Sarmiento, na literatura gauchesca, nas transformações da Argentina como resultado de sua política migratória, na ameaça à cultura ocidental durante o regime nazista, nos derivados crioulos do fascismo. Referências e alusões a todas essas marcas reaparecem, embora nem sempre explicitamente, ao longo de sua obra.

Além da discussão sobre se é história ou literatura, o fato de que Facundo continua a oscilar entre as duas opções em *Civilización y barbarie* (1845) é propício a confirmar a relação dialógica de uma disjuntiva que se prolonga em matizes e variantes de seus argumentos e exemplos. O debate sobre meios e fins não tem sido estranho aos argumentos de Borges; nem a relativização dos heróis tem sido manchada pela traição e covardia. *"Tema del traidor y del héroe"* antecipa, desde seu próprio título – e através da epígrafe de Yeats –, a persistência de arquétipos: as mortes de Júlio César de Shakespeare e do Kilpatrick de Borges, que prefigura o assassinato de Lincoln, não são essencialmente diferentes e servem, todas elas, para que alguma verdade seja codificada em um texto que servirá (ou não) aos interesses de uma causa. *"Tres versiones de Judas"* investiga um mistério literário – prescinde do teológico – pelo anseio de coerência textual de um fato histórico crucial.

"El jardín de senderos que se bifurcan" demonstra como a respeitável *História da Guerra Européia* de Liddell Hart dá conta apenas da macro-história.[12] Para essa, basta dizer que o atraso de uma ofensiva britânica não foi significativo; para a literatura, para aqueles que tecem outros sentidos desta trama visível, a dimensão individual é mais importante, o que restitui a pertença do indivíduo à sua tradição e convoca a dança de uma caçada de um capitão irlandês a serviço da Inglaterra em busca de um espião chinês não menos desprezado por seus chefes germânicos.[13] Todavia, para Borges, o drama entre o capitão Richard Madden, Yu Tsun e o sinólogo Stephen Albert não é de forma alguma insignificante. Para situar a magnitude do zahir, ele lembra: "Tennyson disse que se pudéssemos compreender uma única flor, saberíamos quem somos e o que é o mundo. Talvez ele quisesse dizer que não há nenhum fato, por mais humilde que seja, que não implique numa história universal e sua infinita concatenação de efeitos e causas. Talvez ele quisesse

---

12 A referência a este trabalho de Liddell Hart não foi uma coincidência. Na revisão de sua *Europe in Arms*, Borges indica que, juntamente com o *Dicionário de Filosofia* de Mauthner e *O mundo como vontade e representação* de Schopenhauer, foi uma das obras que ele mais frequentou. Publicado em: *El Hogar*, 30 de abril de 1937; in: *Textos cautivos, Obras completas, IV*, p. 284.

13 "El jardín de senderos que se bifurcan" pertence ao livro homônimo (1941); "La forma de la espada", "Tema del traidor y del héroe" e "Tres versiones de Judas" a *Artifícios* (1944); ambos publicados depois como *Ficciones* (1944).

dizer que o mundo visível é dado inteiramente em cada representação, da mesma forma que a vontade, segundo Schopenhauer, é
dada inteiramente em cada assunto. Os cabalistas entenderam o
homem como um microcosmo, um espelho simbólico do universo; tudo, segundo Tennyson, seria. Tudo, até mesmo o intolerável
Zahir".[14] O argumento de Borges implica que nada é gratuito, que
tudo (incluindo a manifestação do mal e da barbárie) faz sentido
na vasta economia do universo, mas que não é a todo mortal que é
outorgado o acesso ao segredo.

Aplicado ao mundo, este é o raciocínio com o qual Borges rei-
vindica os exercícios hermenêuticos dos Kabbalistas: do Texto
divino, então, a tudo o que habita o universo, pois nada do que
vem de um Deus absoluto é casual ou supérfluo.[15] Dois contos, si-
tuados em diferentes contextos geográficos, históricos e culturais,
são baseadas em tradições análogas, cujos postulados afirmam,
como um ato de fé, que seus respectivos deuses podem conceder
dons para justificar o significado de sua própria existência e de sua
criação. No caso do já lembrado *La escritura del dios*, o eixo se dá
através de um padre subjugado pelas forças de Pedro de Alvarado.
Esta história, a única que Borges situa no período da conquista e
na (apropriadamente) inominada Guatemala,[16] faz parte de uma

---

14 "El Zahir", *El aleph* (1949), in: *Obras completas*, p. 594-95.

15 "Una vindicación de la Cábala", *Discusión*, en *Obras completas*, p. 209-12.   O
interesse não se limita a exemplos teológicos, o que se mostra no mesmo livro em:
"Una vindicación del falso Basílides" e "Vindicación de 'Bouvard et Pécuchet'".

16 Em seu livro já mencionado, Balderston (pp. 113-30) oferece uma historicização
drástica de fontes e hábitos para este relato, seguindo um padrão semelhante –

extensa lista [*nómina*] de textos que apontam para a violência da conquista em seu próprio território e ao qual, em um período posterior ao do mago Tzinacán, pertence a "Historia del guerrero y de la cautiva" (*El Aleph*). Trata-se da zona onde são assentados os destinos mais próximos a Borges, tanto no literário como no histórico e cotidiano.

Não me parece necessário insistir nas origens cosmopolitas de Borges, em sua educação e residência privilegiada na Europa, nem em seus começos vanguardistas, para assinalar que as linhas são traçadas entre a Argentina e a Europa; entre o que foi vivido em ambos os lados do Atlântico como civilização e barbárie. Fiel à tese exposta em *"El escritor argentino y la tradición"*, ele adotou a tradição ocidental, o universo, como patrimônio.[17] Também, como não podia deixar de ser, ele adotou a história argentina de heróis, mártires e bandidos, desde Narciso Laprida e Facundo Quiroga até Hormiga Negra e Juan Muraña; a crônica de uma nação e os mitos *orilleros* de uma versão alternativa.

---

minuciosa documentação histórica e manobras ajustadas para seus possíveis cenários – para cada um dos contos escolhidos. Neste caso, obviamente, a ênfase é dada através do *Popol Vuh* e de fontes coloniais.

17 "Acredito que nossa tradição é toda a cultura ocidental, e também acredito que temos mais direito a esta tradição do que os habitantes de qualquer outra nação ocidental podem ter". "El escritor argentino y la tradición", *Discusión* (1932), in: *Obras completas*, p. 272. Depois de comparar a situação dos argentinos com os judeus na cultura ocidental e com os irlandeses na cultura inglesa, ele diz: "Creio que nós argentinos, nós sul-americanos em geral, estamos em uma situação análoga: podemos tratar todos os temas europeus, tratá-los sem superstição, com uma irreverência que pode ter, e já tem, consequências afortunadas" (p. 273).

O passado e o presente convergem em seus textos e cada leitura está ligada a circunstâncias específicas. Em um dos prólogos que ele dedicou às obras de Sarmiento, diz ele:

> O decurso do tempo muda os livros; *Recuerdos de provincia* [1850], relido e revisado nos termos de 1943, certamente não é o livro pelo qual passei vinte anos atrás. O mundo insípido, naquela data, parecia irreversivelmente afastado de toda violência (...) O mundo nos parecia tão manso, tão irreparavelmente pacífico, que brincávamos com anedotas ferozes e deplorávamos "o tempo dos lobos, tempo das espadas" (*Edda Major*, I, 37) que outras gerações, mais afortunadas, tinham merecido. *Recuerdos de provincia*, então, era o documento de um passado irrecuperável e, por essa razão, agradável, já que ninguém sonhava que seus rigores pudessem retornar e nos alcançar. (...) A perigosa realidade descrita por Sarmiento era, então, distante e inconcebível; agora ela é contemporânea. (Telegramas europeus e asiáticos corroboram minha afirmação). A única diferença é que a barbárie, antes não premeditada, instintiva, agora é aplicada e consciente, e dispõe de meios mais coercitivos à sua disposição do que a lança montonera de Quiroga ou as lâminas recortadas da mazorca.[18]

---

18 A edição prefaciada por Borges foi publicada em Buenos Aires, Emecé, 1944. Cito através das *Obras completas, 1975-1988*. Barcelona: Emecé España, IV, 1996, p. 121. Um pós-escrito de 1974 diz: "Sarmiento continua a formular a alternativa: civilização ou barbárie. A escolha dos argentinos é bem conhecida. Se ao invés de canonizarmos o *Martín Fierro*, tivéssemos canonizado o *Facundo*, nossa história seria outra e melhor". Assim termina o prólogo da edição de *Facundo* publicada

A citação é significativa por várias razões: pela forma como compara o período de seu início dos anos 1920 com o período fascista que caracterizou a Argentina no início dos anos 1940; além disso, pela forma como associa a expressão da barbárie através dos séculos e continentes e deplora seu "aperfeiçoamento". A Segunda Guerra Mundial ocupou Borges tanto por causa de sua própria ideologia – transparente em vários de seus textos da época e de forma singularmente tenaz em *"Deutsches Requiem"* –, como por causa de sua participação na *Sur*[19] e seus vínculos com intelectuais democráticos.

Além da situação cultural angustiante na Alemanha, mencionada acima, Borges se mostra desconcertado em "1941" diante de uma barbárie tantas vezes condenada pela literatura, mantendo um discurso duplo que enuncia "Europa" enquanto também pensa "Argentina".[20] Em face ao convulsionado teatro de operações europeu e asiático, Borges se ofende com a irracionalidade, o racismo, a

---

pelo *El Ateneo* em 1974; o prólogo aparece nas p. 125-29. As palavras finais de Borges, escritas durante o governo peronista, sublinham mais uma vez que "o decurso do tempo muda os livros...".

19 O estudo de John King é o mais completo até hoje: *'Sur'. Estudio de la revista argentina y de su papel en el desarrollo de una cultura, 1931-1970*, México, FCE, 1989 (1a ed. en inglés, 1986).

20 Para enunciar o impossível, Borges escreve: "É infantil ser impaciente; a misericórdia de Hitler é ecumênica; em breve (se ele não for impedido pelos vendepátrias e pelos judeus) desfrutaremos de todos os benefícios da tortura, da sodomia, do estupro e das execuções em massa". Àqueles que acreditam que esta realidade nunca chegará à Argentina, ele responde: "as colônias estão sempre longe da metrópole; o Congo belga não é vizinho da Bélgica". *Sur, 87* (dezembro de 1941), p. 21-2.

discriminação, a violência, o nacionalismo, a imposição do Estado como única ordem e a subjugação de toda expressão individual às exigências do Poder.[21] Borges achava insultuoso tudo o que atentava contra a razão e contra a estética – dimensões que, ao longo da história ocidental, também foram forjadas na Alemanha, e que sob o regime Hitler foram submetidas à circulação de obras como o didático *Trau keinem Jud bei seinem Eid* de Elvira Bauer, "cujo objetivo é iniciar as crianças em idade escolar nos inesgotáveis deveres e delícias do anti-semitismo".[22]

As notas escritas por Borges durante os anos de guerra registram uma mudança marcante no tom. À medida que Hitler avançava sobre a Europa, suas notas e resenhas bibliográficas se tornaram menos complacentes, como demonstra o ensaio *"Definición del germanófilo"*.[23] Lá ele se refere à ignorância do "indestrutível alemão" – ou seja, de sua literatura e filosofia – e a perversão maior que estava implicada na conduta de um país que adotou a doutrina do fim que justifica os meios. Para Borges, é impossível argumentar

---

21 Em sua resenha de *An Encyclopaedia of Pacifism*, de Aldous Huxley, Borges admira a imparcialidade do autor ao condenar tanto o fascismo quanto o socialismo soviético, e porque exalta o esforço necessário para vencer o mal com o bem. "Como Benda ou Shaw, o crime de guerra o ultraja menos do que a insensatez da guerra, do que a complexa imbecilidade da guerra. Seus raciocínios são de tipo intelectual, não de tipo patético". Publicado em *El Hogar*, 3 de setembro de 1937; em *Textos cautivos, Obras completas*, IV, p. 312. É útil contrastar isso com *Der totale Krieg* de Erich Ludendorff, publicado em *El Hogar* em 21 de janeiro de 1938; ibid., p. 337-38.

22 Publicado em *El Hogar*, 28 de maio de 1937. In: *Textos cautivos, Obras completas*, IV, p. 290.

23 Publicado em 13 de dezembro de 1940, *Ibid.*, p. 441-43.

com um germanófilo, pois é necessário entrar numa zona irracional na qual se confundem os panegíricos de Hitler e o desejo de vingar os termos do tratado de Versalhes. A ética que condena a violência indiscriminada é, para o germanófilo, razão suficiente para idolatrar Hitler. Como previu Otto Dietrich zur Linde em "Deutsches Requiem",[24] seu país conseguiu inaugurar uma era de violência que difere das anteriores – assim como de suas expressões crioulas – por causa das adesões que convoca.

Numa reviravolta que incorporava nacionalistas locais simpáticos ao Eixo, Borges considera que, para o germanófilo, é mais importante a destruição do outro do que a vitória germânica, e assinala uma diferença fundamental com relação à violência: "Os apologistas de Artigas, de Ramírez, de Quiroga, de Rosas ou de Urquiza desculpam ou mitigam seus crimes; o defensor de Hitler retira deles um deleite especial. O hitlerista, sempre, é um adorador secreto, e às vezes público, da "vivacidade" fora-da-lei e da crueldade. Ele é, pela penúria imaginativa, um homem que postula que o futuro não pode diferir do presente, e que a Alemanha, vitoriosa até agora, não pode começar a perder (...)". O texto encerra com uma frase que historiciza o conflito e sublinha a pobreza moral e racional dos germanófilos: "Não é impossível que Adolf Hitler tenha

---

24 "Hitler pensou ter lutado por um país, mas lutou por todos, mesmo aqueles que ele atacava e odiava. Não importa que ele mesmo o ignorasse; seu sangue, sua vontade o sabia. O mundo estava morrendo de judaísmo e daquela doença do judaísmo, que é a fé de Jesus; nós lhe ensinamos a violência e a fé da espada". Originalmente publicado em *Sur*, 136 (fevereiro de 1946), e incluído em *El Aleph* (1957), em *Obras completas*, p. 580.

                                                   SAÚL SOSNOWSKI

alguma justificação; eu sei que os germanófilos não têm" (p. 443).[25]

A preocupação com o destino da Europa era constante e respondia, em grande parte, tanto a razões históricas e políticas, que se refletiam em manifestações locais, quanto ao fato de que dali provinha a grande fonte cultural da intelligentsia argentina, para a qual se voltara desde o final do século XVIII a fim de forjar seus próprios mitos fundadores. Como vimos, há numerosos textos de Borges que se concentram no impacto da Segunda Guerra Mundial e, mais ainda, em seu sentido filosófico-moral e cultural. Por isso, a libertação de Paris motivou sua necessária "Anotação para o 23 de agosto de 1944", compreensivelmente mais esperançosa, audaciosa e categórica a respeito do que para ele a cultura do Ocidente significou como a única ordem possível. Fiel ao seu próprio culto à razão, ao seu interesse pelas manifestações da infâmia, ao diálogo Europa-Argentina que manteve ao longo de suas precisões, e que prontamente estendeu a outras latitudes, Borges entendeu o nazismo como um fenômeno histórico e, ao mesmo tempo, como a metaforização de toda a barbárie: "Ser nazi (brincar com a barbaridade energética, brincar de ser um viking, um tártaro, um conquistador do século XVI, um pele-vermelha) é, a longo prazo, uma

---

25 Uma breve resenha do *Flowering Rifle* de Roy Campbell e do *Die sieben Lasten* de Johannes Becher permite a Borges constatar a pobreza poética que pode gerar a adesão a regimes totalitários. Ele diz que, a julgar por estes dois livros, "nem o comunismo nem o nazismo encontraram seu Walt Whitman. A primeira omissão é mais previsível que a segunda, pois o materialismo dialético e a interpretação econômica da história não parecem eminentemente versificáveis [....] O nazismo, por outro lado, se orgulha de ser impulsivo e ilógico, e é estranho que ainda não tenha descoberto seu poeta". "Dois poetas políticos", 21 de abril de 1939, em ibid., p. 427.

impossibilidade mental e moral. O nazismo adoece de irrealidade, como os infernos de Erigena. É inabitável: os homens só podem morrer por ele, mentir por ele, matar e sangrar por ele. Ninguém, na solidão central de seu eu, pode desejar que ele triunfe. Arrisco esta conjectura: Hitler quer ser derrotado. Hitler, de uma forma cega, colabora com os exércitos inevitáveis que o aniquilarão, pois os abutres de metal e o dragão (que não devem ter ignorado que eram monstros) colaboraram, misteriosamente, com Hércules".[26] Para tirar todas as dúvidas e refutar leituras errôneas, no epílogo de *El Aleph*, datado de 3 de maio de 1949, ele escreveu:

> Na última guerra, ninguém poderia ter desejado mais do que eu a derrota da Alemanha; ninguém poderia ter sentido mais do que eu o trágico destino da Alemanha; o Deutsches Requiem quer entender esse destino, que não souberam lamentar, nem sequer suspeitar, os nossos germanófilos, que nada sabem da Alemanha (p. 629).

Ao insistir em textos ancorados na história que lhe era contemporânea e nos conhecimentos herdados, eu quis tornar significativo que Borges não só não permaneceu distante dela, mas que, ao contrário, a questionou e, dependendo do momento e das variantes genéricas que lhe coube inovar, incorporou instâncias históricas em uma leitura literária. Evidentemente, como vimos, por exem-

---

26 Apareceu primeiro em *Sur*, 120 (octubre 1944), p. 24-6, junto a textos de Victoria Ocampo e Ezequiel Martínez Estrada sobre a liberação da Francia. Incluido em *Otras inquisiciones* (1960), in: *Obras completas*, p. 728.

plo, em *"El jardín de senderos que se bifurcan"*, não cabe à literatura circunscrever-se à precisão inequívoca (e mais pobre) com que o historiador supostamente opera. Em alguns dos tempos construídos pela Ts'ui Pen, confluem a importância de um dado aparentemente incompatível com a capacidade de se integrar, graças a ele, a outra tradição e a outra leitura do que também é entendido como história.

Com diferentes fins e apelando ao conhecimento pontual ou ao exercício de outros artifícios que definem o ser humano, tanto a história como a literatura visam a construção da memória. A memória é uma história crivada de desejos, de mitos e de ambições individuais e comunitárias. Da história resgatamos (ou inventamos, como fez a seita dos xadrezistas responsáveis pelo futuro do Tlön) restos e fragmentos para tecer novas versões que respondam às necessidades nacionais e, cada vez mais, às exigências globais.

Em seu próprio tempo, Pierre Menard observou: *"[...] a verdade, cuja mãe é história, emula o tempo, um repositório de ações, uma testemunha do passado, um exemplo e um aviso do presente, uma advertência do futuro"*.[27] Borges interpreta esta máxima: "História, *mãe* da verdade; a ideia é espantosa. Menard, um contemporâneo de William James, não define a história como uma indagação, mas como sua origem. A verdade histórica, para ele, não é o que aconteceu, mas o que julgamos ter acontecido. As cláusulas finais – *exemplo e aviso do que está presente, advertência do que está por vir* – são

---

27 "Pierre Menard, autor del Quijote", em *El jardín de senderos que se bifurcan* (1941), in: *Obras completas*, p. 449. Sublinhado no original.

flagrantemente pragmáticas" (p. 449). Observo na margem: talvez estivessem em outra época, mas não em "Nimes, 1939", como diz a sigla do texto.

Quando Borges credita Pierre Menard por ter "enriquecido por meio de uma nova técnica a arte arrestada e rudimentar da leitura: a técnica do anacronismo deliberado e as atribuições errôneas" (p. 450), ele relativiza a capacidade de conhecimento absoluto e de uma única verdade, ao mesmo tempo em que exalta a criatividade de cada leitor em cada instância e sob cada condição histórica. A leitura torna-se filha de nossas entonações; o texto, uma versão provisória de uma verdade literária.

A história-literatura-verdade gira em torno das variáveis toleráveis que cada indivíduo consegue lhe atribuir. No universo onde o indivíduo tem precedência sobre as regras de um Estado diretor e absorvente, tudo é filho da imaginação e responde ao direito e à vontade de cada ser. Se, por um lado, isso sugere uma liberdade com tons anárquicos, por outro, sublinha a responsabilidade ética diante da humanidade e o fato de que a nação deve estar a serviço do cidadão, e não o cidadão subordinado aos interesses políticos do Estado.

Em Borges, a história e a literatura também formam a espinha dorsal da identidade. Venerar o ilustre passado legado pelos laços familiares e textos escolares é adotar uma versão precisa da identidade nacional. A história, então, como a literatura, atua como um meio de criar, num plano delimitado, a exaltação de outros indivíduos, de sagas reais ou atos imaginários que se tornam o material da história e a marca do futuro. O fato de Borges ter questionado cada uma dessas possibilidades não anula as adesões, nem os amores pelas pátrias que ele tanto cantou e criticou; tampouco anula uma profissão de fé na duvidosa, ainda que esperançosa, perfectibilidade do homem. Que, da construção de cenários que deveriam ter sido racional ou eticamente impossíveis, tenha surgido a capacidade de deslocar cada enunciado para obter versões alternativas da história, esse fato indica uma conquista singular de Borges: a harmonização dos artifícios na literatura.

PRESENTE EM MINHA AUSÊNCIA: SEMPRE COM *HISPAMÉRICA*

> *Esta cidade que eu acreditava ser meu passado*
> *é meu futuro, meu presente;*
> *os anos que vivi fora [na Europa] são ilusórios,*
> *Eu sempre estive (e estarei) em Buenos Aires.*
>
> Borges, "Arrabal", Fervor de Buenos Aires (1923)

"Nunca se saberá como contar isto, seja na primeira pessoa ou na segunda, usando a terceira do plural ou inventando continuamente formas que não servirão para nada". Assim começa *"Las babas del diablo"*. Sendo menos dramático do que para Roberto Michel, meu dilema é, em todo caso, um pouco arriscado, já que envolve também cortar uma janela ou, melhor dizendo, abrir uma porta que inibe o pudor. Falar de *Hispamérica* na terceira pessoa é assumir a primeira pessoa do "editor plural" – como foi feito numa apresentação já distante de Fernández Retamar na *Casa de las Américas*, quando me citou na dedicatória de um de seus livros.[1]

A maioria das revistas nasce de um projeto de grupo – seja ele

---

1 Cortázar, Julio, "Las babas del diablo", *Las armas secretas*. Buenos Aires: Sudamericana, 1964, p. 77.

literário, artístico, cultural, político, ponto de partida e explicitação de uma plataforma ideológica... Todas partem de um sentimento de falta e combinam o desafio de enfrentar a página ou a parede em branco com a convicção de que a respectiva publicação conseguirá alcançar ou mesmo responder ao vazio proverbial. Muitas, especialmente as acadêmicas, contam com apoio institucional de vários tipos, inclusive financeiro. Tal como em outros, também neste aspecto *Hispamérica* possui outro perfil: ela depende fundamentalmente de seus leitores.

Após o resumo do número 1, "dedicado aos narradores argentinos", e após uma página contendo a "Lista parcial de colaboradores" (cerca de 50 renomados autores e críticos – a revista não teve um conselho editorial), encontramos sua apresentação:

A tradição exigiria que *Hispamérica* começasse com um posicionamento detalhado para justificar a negação de outro silêncio. Confiamos na trajetória da revista para acreditar que seremos capazes de omitir as reiterações editoriais. Entretanto, nesta fase inicial, vale a pena destacar o delineamento geral que o resumo tende a esclarecer: estamos interessados em mostrar o processo de produção literária no Continente. Por esta razão, os ensaios críticos constituem uma parte do processo que começa com as reflexões dos autores sobre sua própria escrita. Diante da entronização de um número limitado de autores, *Hispamérica* oferecerá textos de escritores já estudados em vários níveis, de escritores "emergentes" e de escritores ignorados ou "desconhecidos" cujas obras es-

tamos interessados em difundir. Através dos enfoques que as
seções desta revista permitem, queremos ver as articulações
do campo literário latino-americano e não apenas suas figuras
mais notórias. Objetivamos estudar a literatura a partir de sua
própria problemática em um contexto cultural que não exclui
o compromisso literário.

Na contracapa do número 100 (abril de 2005), eu pus que optei
"por evitar discursos e proclamações, bem como a habitual decla-
ração formal de princípios 'que, com imensa satisfação, foi cumprida ao longo de todo o processo etc.'". E decidi até mesmo não
insistir na responsabilidade do editor e de seus leitores, ou lembrar a alegria que continua a acompanhar o aparecimento de cada
edição da revista". Acrescentei: "Hoje, tendo chegado a esta edição,
basta-me dizer que me sinto honrado, orgulhoso e comovido pela
generosidade, a companhia e o apoio constante de tantos *hispame-
ricanos* que têm estado e colaborado com a revista desde julho de
1972, ou que se juntaram a ela ao longo dos anos".
O primeiro número, com uma capa azul claro e branca (como
foi a do número 100 e será a do 150), foi publicada em Buenos Aires
em julho de 1972, e incluiu um ensaio sobre Cortázar; um texto
teórico de Noé Jitrik; uma obra de Alicia Borinsky sobre Macedo-
nio, seguida de inéditos de Macedônio organizadas por seu filho,
Adolfo de Obieta; uma entrevista de Mario Szichman com David
Viñas; um Héctor Libertella na seção "atelier"; um testemunho de
Bernardo Verbitsky sobre Leopoldo Marechal; e contos inéditos
de Adolfo Bioy Casares, Marco Denevi, Bernardo Kordon e da en-

tão desconhecida Alicia Steimberg. Seu aparecimento, coberto por vários jornais e semanários, e sua distribuição em livrarias e quiosques na Rua Corrientes, que eu iria percorrer para ver se baixavam as pilhas de exemplares, me leva a apontar alguns aspectos que a tornaram possível e que ainda hoje são válidos.

De certa forma, a primeira questão já havia começado a moldar o que se tornaria a estratégia fundamental e a razão de ser da *Hispamérica*. Estando seu diretor imerso no mundo acadêmico dos EUA, e um pouco resignado com o tédio das revistas acadêmicas que, independentemente da excelência de seu conteúdo, encadernam invariavelmente ensaios, notas críticas e resenhas, deixando a vitalidade do literário para a esfera não-acadêmica, a *Hispamérica* se propunha a inscrever, precisamente no espaço universitário, as múltiplas dimensões da produção literária. O objetivo também era abrir o jogo a autores que ainda não haviam entrado em circuitos que continuavam a girar em torno das figuras canônicas e a recair em variantes ligadas àqueles que foram consagrados pelo *boom* [minha própria tese de doutorado foi, em 1970, sobre Cortázar – uma devoção que, junto com outras, não diminui com o passar do tempo]. Eu costumava falar sobre esses desejos com aqueles que mais tarde se tornaram os padrinhos da revista. Refiro-me aos escritores que se encontraram na casa de Abelardo Castillo para fazer *El escarabajo de oro*; e à Liliana Heker, entre eles, que me mostrou como corrigir as galeras que emanavam como por milagre das folhas de 16 páginas do linótipo *Zlotopioro S.A.C.I.F.*

Foi nesse departamento, Pueyrredón 578, 2º. F, onde mencionei também como eu a chamaria. *Hispamérica* é, com duas variações ortográficas, uma homenagem à linguagem *"ispamerikano"* de Cortázar. Adicionei o "h" para elegância gráfica e para definir o espaço geográfico da revista. A revista tinha um endereço postal em Buenos Aires – a casa dos meus pais, também essencial na distribuição artesanal da revista – e outro nos Estados Unidos, que alterava com minhas mudanças periódicas sem mudar minha afiliação profissional com a Universidade de Maryland. Os dois endereços não apareceram apenas por razões legais; eles apontavam visceralmente para nossa origem e identidade: a minha e a de *Hispamérica*. Viver em Buenos Aires, residir nos Estados Unidos, traçar o arco que atravessa o continente, ser independente.

Em nível macro, *Hispamérica* surgiu numa época em que, como aponta Andrés Avellaneda em *"Hispamérica: sus primeras cincuenta salidas"*, publicado em 1990 na *Revista Interamericana de Bibliografía*[2], somente a *Revista Iberoamericana* tratava exclusivamente da literatura latino-americana. Em outro nível, ela responde a um ato de ousadia pessoal [com uma dose de jutzpah] e um voto de confiança. Embora o impulso tenha sido e continue sendo dado no singular, sua realização foi – e segue sendo possível – apenas porque outros compartilham seus objetivos e são cúmplices em algo que nunca deixou de ser uma aposta literária que se renova a cada quatro meses. Foi possível, especialmente em seu início, graças à generosidade daqueles que não precisavam aparecer em uma nova

---

2 Andrés Avellaneda, *"Hispamérica*: sus primeras cincuenta salidas", *Revista Interamericana de Bibliografía / Review of Interamerican Bibliography*, XL, 1 (1990), p. 3-38; também seu: *"Hispamérica*: lugar, campo intelectual y transferencia", *Revista de Estudios Hispánicos*, XXII (1995), p. 485-90.

publicação e, quem sabe por quais razões, decidiram apoiá-la e apostar em sua promessa. Os autores que apareceram no primeiro número demonstram esta generosidade. Foi o que fizeram Cortázar, Roa Bastos, Carlos Germán Belli, Fernando Alegría, Severo Sarduy, Manuel Puig e Anderson Imbert, entre outros, no primeiro ano da revista, o que apontava para sua possível continuidade. Eu tinha sido avisado que qualquer um pode trazer à tona um primeiro número, mas que o mais importante era sobreviver até o sétimo.

Uma tese apresentada em 1994 na Universidade Católica de Louvain por Anneke Mertens e Peter Bernaerts, sob a tutela de Luz Rodríguez-Carranza, a respeito dos 42 números cobrindo dois períodos da revista (1972-1978 e 1986-1992), tirou várias conclusões sobre minha tarefa e minha posição ideológica através dos materiais que selecionava para sua inclusão.[3] O título destas páginas, *"Presente na minha ausência"*, emana de sua análise ao observar que, além das entrevistas (nos primeiros 75 números publiquei entrevistas com Puig, Borges, Cortázar, Fuentes e Bioy Casares), eu me limitei a publicar algumas poucas resenhas e um ensaio (parte de uma polêmica que deveria ter surgido em *Nuevos Aires* quando cessou a publicação). A leitura cuidadosa dos autores das teses, o desenho analítico quantitativo e qualitativo, levou-os a tomar nota da atenção que a revista prestava aos "produtos literários minoritários" e à "revalorização das categorias marginalizadas" no mundo acadêmico. Eles registraram uma preferência por certos autores, regiões

---

3 "El mirlo blanco y bifronte. Análisis de la revista literaria *Hispamérica* (1972-1978 /1986-1992)", Fakulteit van de Letteren, Katholieke Universiteit Leuve, 1994, 249 pp.

e gêneros (criticam, e com razão, a escassa presença do teatro), pela ênfase na crítica centrada na dimensão sócio-histórica, assim como nos "estudos dedicados à reflexão histórica dos processos literários" em vários países. Eles confirmam a hipótese "de que o interesse da revista está na direção de lidar com a literatura junto com a sociedade" e observam que o binômio "literatura-sociedade" tornou-se "literatura comprometida-sociedade". Vendo *Hispamérica* como uma "revista de autor", eles projetam a linha esboçada por certos críticos como tendo a assinatura do editor. Eles concluem que é "uma revista literária acadêmica, mas é mais do que isso". Ao lado da presença de valores tradicionalmente acadêmicos, vemos uma forte influência pessoal por parte do editor Sosnowski na seleção dos autores e do material. Poderíamos concluir: '*il fait ce qu'il faut, mais il fait plus*'" [Ele faz o que é preciso, mas faz mais que isso].

Se me detenho em suas diretrizes, é porque, embora as deduções de alguns de seus postulados sejam questionáveis, eles perceberam adequadamente várias das propostas da revista. As indicações relativas às preferências e à ênfase nas condições histórico-políticas da região são corretas; algumas ausências são óbvias, assim como as rejeições exercidas pela direção. Desde o início, a revista se estabeleceu em um circuito culturalista e fez eco ao que estava acontecendo na região. Nos anos 1980, Norberto Gimelfarb reconheceu a predominância dos direitos humanos nas diversas seções da revista. Eu sei que desde o início a assepsia nunca foi um ingrediente hispamericano.

O segundo número saiu com a resposta de Cortázar a alguns comentários de David Viñas e a ficção de Roa Bastos e Elvio Gandolfo – ou seja, exercitando a estratégia de introduzir autores novos/jovens menos conhecidos do que aqueles que imediatamente atraíram o interesse de nossos leitores. O mesmo número também viu a inauguração da série *"Los marginados"* [Os marginalizados]. Apresentada por Fernando Alegría, o objetivo era trazer escritores chicanos desconhecidos fora de sua própria área para o contexto acadêmico internacional. Esta série, que continuou a aparecer periodicamente, avançou com exilados bolivianos no número 3 e com o caso do paraguaio Rubén Bareiro Saguier no número 4/5, que, de certa forma, codificou várias das propostas da revista: um texto teórico sobre poética e outros sobre Javier Heraud, Carlos Fuentes e revistas literárias; uma entrevista com Rulfo; um poema de Ernesto Cardenal e as ficções de César Fernández Moreno, Ernesto Sábato e Iverna Codina. No ano 6, correspondente a abril de 1974, além de ensaios de José Miguel Oviedo sobre Vallejo, de Libertella sobre a nova literatura argentina e de Marlene Gottlieb sobre Nicanor Parra, "Os marginalizados" apresentou o haitiano Jacques Stephen Alexis; testemunhos sobre o golpe no Chile; uma entrevista com Alfredo Bryce Echenique de Rubén Bareiro Saguier; Bernardo Verbitsky sobre sua própria obra; e a poesia de Marco Denevi e de poetas chicanos.

Ao completar o segundo ano, alguns autores apareceram mais de uma vez, embora em seções diferentes, de modo que o quadro de seu reconhecimento foi se ampliando, o que, por outro lado, também deu origem à introdução de novas vozes. Ao mesmo tempo, a posição da revista diante da repressão que se espalhava pelo Cone Sul não deixava margem para dúvidas. Quando viajei para

Santiago do Chile em 1971 para me encontrar com escritores e pedir sua colaboração, no Pedagógico fui submetido a um interrogatório amigável de Ariel Dorfman sobre o financiamento da revista. Compreensível, como lembramos mais tarde com ele e Antonio Skármeta, também presente naquela ocasião: em 1971 e 1972, eles viam a CIA em todos os lugares... exceto onde ela estava realmente instalada. Nossas reuniões em agosto de 1973, na véspera do golpe, tiveram um tom diferente. Eu me detenho nesta anedota porque vários anos depois ela aconteceu novamente, mas desta vez no México com Pedro Orgambide, que queria saber com qual facção dos exilados eu simpatizava. Eu compartilho isso, também, porque ilustra pelo menos uma faceta de como a *Hispamérica* estava sendo montada. Com exceção dos anos em que o Cone Sul estava sob suas respectivas e comunicadas ditaduras, viajei para Buenos Aires, Montevidéu, Santiago, Quito, Bogotá, Caracas e outras cidades... para estabelecer contatos diretos com aqueles que estavam aderindo à revista. O tecido tornou-se cada vez mais nutrido à medida que *Hispamérica* também tornou conhecidos autores e obras que estavam circulando em áreas limitadas. Isto permitiu, por exemplo, que Ulises Estrella introduzisse os Tzántzicos em um número e que sua poesia fosse incorporada pouco tempo depois; permitiu que aqueles de nós que estudávamos literatura nos círculos acadêmicos ficássemos por dentro da cozinha do escritor, ouvíssemos suas palavras e aprendêssemos sobre novos poemas de Neruda e de Lihn, um texto de Galeano e, graças a Ángel Rama, o primeiro conto de Alejo Carpentier. E, no lado plácido da análise literária, os três ensaios de Jaime Rest, que mais tarde deram origem a seu livro sobre *Borges y el nominalismo* [Borges e o nominalismo].

As seções da revista permaneceram constantes: ensaios, documentos, atelier, testemunho, entrevista, ficção, poesia, notas e resenhas; alguma obra de teatro; ênfases flutuantes em algumas seções e de vez em quando uma descoberta: textos de Baldomero Fernández Moreno apresentados por seu filho; poemas de Abelardo Castillo, textos desconhecidos de Quiroga e Casaccia... e também a exceção. Em 1975 foi publicado o único apêndice da revista: *"Literatura Latino-americana e Ideologia da Dependência"*, cujo editor convidado, Hernán Vidal, prefaciou os textos de um atelier realizado na Universidade de Minnesota alguns meses antes. Esta edição, fora da sequência numerada da *Hispamérica*, patrocinada, tal como o atelier, pelo *Social Science Research Council*, o *American Council of Learned Societies* e pela Universidade de Minnesota, levou ao surgimento de outra revista: *Ideologies & Literatures*. Sem estar muito consciente disso na época, as conquistas da *Hispamérica* na América Latina e nos Estados Unidos deram origem à expansão de um projeto no qual a literatura manteve um diálogo intenso com seu meio, em um momento em que outras linhas de pesquisa estavam cada vez mais dispensando uma ancoragem na história e nas condições da produção cultural. Outro exemplo significativo do Volume IV foi a publicação na edição 11/12 de uma *"Muestra de poesía hispanoamericana actual"* [Amostra da poesia hispano-americana atual]. Utilizada para cursos de poesia em várias universidades, a amostra, selecionada e prefaciada por Pedro Lastra, incluía poemas de Gonzalo Rojas, Eliseo Diego, Álvaro Mutis, Ernesto Cardenal, Carlos Germán Belli, Enrique Lihn, Juan Gelman, Roberto Fernández Retamar, Oscar Hahn e José Emilio Pacheco – vários dos quais haviam aparecido antes na revista e voltariam a aparecer ao longo dos anos.

Embora a maioria de nossos leitores estivesse nas universidades (até hoje são a base das assinaturas) e embora, por razões profissionais, pode-se suspeitar que sua preocupação era com a crítica, justamente porque *Hispamérica* apostava que também frequentariam suas outras seções, que os primeiros cinco anos da revista foram celebrados não com um concurso de ensaios, mas com um concurso de contos. O jurado: Cortázar, Roa Bastos, Vargas Llosa.[4] Menciono-o não apenas por causa de seu prestígio e do que ele implicou para a revista e para os concorrentes em 1977, mas também porque sua generosidade e boa vontade, como a de tantos outros, sublinha uma das chaves para a continuidade hispamericana.

Os primeiros 22 números da revista foram impressos em Buenos Aires, mas em 1979, por razões bem conhecidas (menciono apenas um chamado de atenção do linotipista em uma das galeras: "olho—censura"), marcou a transferência da impressão e distribuição para os EUA. Sem abandonar o formato ou deixar de ser o que já era, ela passou do linotipo ao que era chamado de "composição a frio" e a um ajuste no corte do papel. Deixo de lado a memória inesquecível da batida rítmica das prensas de impressão e aquele aroma de tinta que atrai a nostalgia.

---

4 Participaram 403 narradores. A decisão não foi unânime. Os vencedores foram Nicolás Bratosevich, Hernán Castellano Girón e Horacio Luis García. Suas histórias foram publicadas no número 19; aqueles que receberam menções foram mencionados.

Além do local físico de impressão e dos correios, o que importava era a construção de redes transnacionais. Dada a ênfase em flutuantes teorias que habitavam circuitos acadêmicos em detrimento de outras leituras críticas, a necessidade – mais do que o desejo – de enfatizar texto e contexto, literatura e história, letras, vozes e ciências sociais, levou quatro editores a criar o *"Centro Internacional de Revistas de Crítica Literaria Latinoamericana"*. As quatro edições, mais tarde acompanhadas por vários outros, foram *Escritura*, dirigida de Caracas por Ángel Rama; a *Revista de crítica literaria latinoamericana*, dirigida por Antonio Cornejo Polar, inicialmente de Lima; *Texto crítico*, por Jorge Ruffinelli, de Xalapa; e *Hispamérica* do Estado de Maryland. O pertencimento ao Centro sublinhou nossas afinidades na política cultural e contribuiu para apoiar a divulgação de nossas respectivas publicações, o que não foi uma proeza insignificante nessas instâncias.

Fiéis ao sistema decimal e às nossas origens, celebramos os primeiros 25 anos da revista em Buenos Aires com um congresso sobre *"La cultura de un siglo: América Latina en sus revistas"* – que é o título do livro que a Alianza publicou em 1999 com os textos ali apresentados. De 27 a 29 de outubro de 1997, reuniram-se na Biblioteca Nacional cerca de 40 especialistas de diferentes países latino-americanos, dos EUA e da Europa que abarcaram revistas que eram consideradas essenciais para a leitura e a escrita da história literária da América Latina no século XX. "Modernidade e Vanguarda", "Nacionalismo e Cosmopolitismo", "Revolução e Crise", "Repressão e Redemocratização", "Construção e Limites: Textualidades e Outros Rumos" estavam definindo instâncias da vitalidade documentada de revistas-tornadas-história. De alguma forma, de todos os modos possíveis, aquele congresso ecoou (creio e sinto) o que *Hispamérica* tem sido e continua sendo. Uma análise celebradora da cultura em movimento: uma mistura de instância acadêmica e ar de família. O cartaz feito por Fontanarrosa, o engenho, os saberes indagadores e a seriedade das análises desenharam novas perspectivas sobre os eixos que continuam a nos convocar.

Revestida e encadernada, mais cedo ou mais tarde, toda revista permite ser lida como um documento histórico, como um arquivo de uma época. Ao mesmo tempo, na medida em que está consciente de seu lugar, suas origens, seus propósitos e seu público, uma revista literária permanece atenta às mudanças das quais faz parte e que, ao mesmo tempo, realiza. É por isso que também responde, estrategicamente, aos interesses específicos da esfera acadêmica – exagerando de tempos em tempos a frequência com que certos autores aparecem e os aproveitando para incorporar novas vozes e outros modos de ler a geografia que é desenhada. Irritando mais do que uma personalidade, de vez em quando surgiam (e surgem) novas rubricas na *Hispamérica*, ao lado das fundacionais – algumas das quais, "Documentos", "Marginalizados" e "Recuperações", por exemplo, foram acomodadas às variantes do caso e à passagem do tempo. As "Crônicas" começaram a aparecer a partir de 2001, e a seção "Textos" começou a hospedar páginas que desafiavam os padrões genéricos. "Poesia" e "Ficção" tendem a aparecer com autores individuais, e alguns mais de uma vez (a direção sofre de simpatia e inclinações análogas). Em várias ocasiões, além do prazer da leitura, a fim de contribuir para um maior conhecimento das tendências em certos países, alguns com escassa circulação fora de suas fronteiras, solicitamos amostras antológicas que têm uma função informativa e didática.

Embora as edições monográficas tenham sido impedidas por uma questão de princípio, mantivemos (e até convidamos) a publicação de uma seção centrada em temas, por exemplo: o estado da questão em torno de um aspecto específico da crítica; o que significa pensar em democracia; como as revistas lidam com os estados de exceção; ou as humanidades na época da Covid. Devido à própria dinâmica da revista – atenta às mudanças e às vozes mais recentes, bem como à recuperação de textos e autores fundacionais – foram recuperados textos de Raúl Scalabrini Ortiz, Roberto Arlt, Alfredo Gangotena, Alberto Gerchunoff, Jacobo Fijman, Pablo Neruda, Xul Solar, Carlos Mastronardi e Félix de Guarania, juntamente com obras inéditas de Julio Herrera y Reissig, Ricardo Güiraldes, César Tiempo, Manuel Puig e Néstor Sánchez, entre muitos outros. Com os mesmos critérios que permitiram a elasticidade das seções mais tradicionais, houve uma ampliação da cultura letrada para incorporar a análise de revistas literário-culturais, de quadrinhos e do tango, da fotografia e do cinema de Horacio Coppola. Por isso também foi possível ler as páginas que Edmundo Desnoes considerou seu legado e testamento; acessar intimamente as páginas singulares de Luisa Valenzuela – uma colaboradora frequente – e entender, graças a Carlos Liscano, como voltar do exílio sem fazer ruído.

Resisto à tentação de apontar algumas das mudanças históricas que, ao *seu* modo, *Hispamérica* tem acompanhado desde que começou a ser publicada, em 1972. As páginas da revista constituem um tecido que é testemunha de época, com constante renovação, aberturas; uma fiação que só pode ser bem sucedida em virtude das contribuições de centenas de autores. A revista existe graças a eles. *Hispamérica*, como escrevi para fechar a luminosa quarta capa da edição 100, "é filha e rede de sonhos, cartografia de compartilhadas letras, navegação sideral. Desejo e vontade de diálogo e encontro. Por aí seguimos..." E acrescento, em agosto de 2021, no meio século hispamericano: "Por aí seguimos em um presente contínuo – um outro nome para esta revista que pertence a todos nós".

CORTÁZAR, NECESSÁRIO

Por razões canônicas, ou por causa de modas acadêmicas passageiras, há textos que provocam análises solenes, que estão distanciados ou muito próximos de esquemas individuais, e que se adequam a manobras teórico-ideológicas (provisórias, com certeza) que trazem sua própria versão da verdade. Quando lidos em outra sintonia, esses mesmos textos podem incitar um diálogo aberto, franco e incondicional; especialmente quando pertencem a autores que apostaram em uma outra leitura e definição da literatura e de seu mundo. Em meio àqueles que construíram pontes, fomentaram seu trânsito e formalizaram a cumplicidade do leitor, encontramos Cortázar.

Com o tom que reconheceríamos como sua marca, ele instalou na prática literária a sutil desculpa do primeiro Borges,[1] e o fez não

---

1 "Se as páginas deste livro contêm algum verso feliz, perdoe-me, o leitor, pela descortesia de tê-lo usurpado eu mesmo, previamente. Nossos nadas pouco diferem; é trivial e fortuita a circunstância que seja você o leitor destes exercícios, e eu seu editor". "A quien leyere", *Fervor de Buenos Aires*, in: *Obras completas*, Buenos

mais por causa de circunstâncias fortuitas, mas sim por estimular que se assuma a responsabilidade por cada ato, por cada leitura e por aquilo que desliza pelas bordas do livro. A partir desta perspectiva, e em diferentes instâncias de seu posicionamento ideológico, podemos ler, entre outros, *"Continuidad de los parques"* e *"Las babas del diablo"*.[2]

Dada a generosidade do desafio e a aventura que sempre se insinua no pátio de uma casa, no corredor de algum ministério ou no corredor de um ônibus, no encosto de um assento ou na mão sedutora de um corrimão, no convés de um navio ou no aprisionamento voluntário de um apartamento parisiense, não é um acaso o diálogo desejante que nos apropria(mos) ao ingressar na obra de Cortázar. O pacto que entra em vigor ao acessar seus textos toma um ar de intimidade sedutora, de aposta no possível, de confiança com sinais de alerta, de fé no próprio significado dessas dimensões que não podem ser vislumbradas, mas que sempre estão às voltas com o desejo. Percebemo-lo na séria leveza humorística de seus *Cronópios e Famas* e na conduta ocasional de *Lucas*; no escândalo e terror de histórias que vão de *"Casa tomada"* a *"No se culpe a nadie"*, *"Satarsa"* e *"Pesadillas"*; no perturbador enquadramento poético da história organizada por *"Reunión"* e *"Apocalipsis de Solentiname"*; na busca de algum sistema para que algo ou alguém diga *"Las babas del diablo"*; nas intermináveis disquisições do *Club de la Serpiente*

Aires, Emecé, 1974, p. 15.

2 "Las babas del diablo", *Las armas secretas*. Buenos Aires: Sudamericana, 1959, p. 77-98; "Continuidad de los parques", *Final del juego*. Buenos Aires, Sudamericana, 1964, p. 9-11.

                                                  SAÚL SOSNOWSKI

e nas apostas de todos os seus perseguidores para encontrar algo mais vivencial do que a submissão ao cotidiano, algo mais do que a alternativa entre a rendição e a loucura; não tão simplesmente, e para sempre, algo mais.[3]

Ainda permanece a semblante do rebelde com causa, que em seu tempo frequentava a tímida poesia e o raro drama ao lado de outras coisas, como a tradução e a docência, o culto das letras inglesas e francesas, a reflexão sobre o existencialismo e o regozijo pelo surrealismo, as páginas de *Realidad* e o clima da *Sur*, as gravuras peronistas e a saída para o que ele perceberia como exílio somente sob a ditadura dos anos 1970.[4] Talvez mais do que com qualquer outro intelectual latino-americano de nosso tempo, entrelaçam-se em Cortázar carinho, convicção e ternura, admiração por sua retidão ética, por seu compromisso e solidariedade – palavras que rapidamente se tornaram tingidas de nostalgia e cinismo com o desmembramento das comunidades. Uma leitura de sua variada dimensão literária atravessa a inocente carícia carregada de erotismo, com o encontro dos corpos e o amor em glíglico; o sonho de

---

3 Esta sequência de referências corresponde aos seguintes textos de Cortázar: *Historias de cronopios y de famas*. Buenos Aires: Minotauro, 1962; *Un tal Lucas*. Madrid: Alfaguara, 1979; "Casa tomada", *Bestiario*, Buenos Aires, Sudamericana, 1951, p. 9-18; "No se culpe a nadie", *Final del juego*, p. 13-8; "Satarsa" y "Pesadillas", *Deshoras*, México, Nueva Imagen, 1983, p. 51-69 y 99-118; "Reunión", *Todos los fuegos el fuego*. Buenos Aires: Sudamericana, 1966, p. 67-86; "Apocalipsis de Solentiname", *Alguien que anda por ahí*. México: Hermes, 1977, p. 79-89; *Rayuela*. Buenos Aires, Sudamericana, 1963.

4 Para uma bibliografia completa de suas primeiras publicações, veja meu: *Julio Cortázar: una búsqueda mítica*. Buenos Aires: Noé, 1973.

vingança do pugilista caído e a dúvida entre os piquetes e a mancha no asfalto; a denúncia dos assassinos e a segurança do burocrata; a exaltação do indivíduo e a recuperação do que foi abandonado por um distante erro da espécie. E, ao longo das décadas, de amores e travessias, sempre a busca de alternativas, de outro modo de dizer e escrever; que é também outro modo de ser.

Neste sentido, prefiro desconsiderar a circunstância, frequentemente citada, de que foi Borges quem publicou o primeiro conto de Cortázar (*"Casa tomada"*) e fez sua valiosa apreciação[5]; faço isso para recuperar, em compensação, *"El escritor argentino y la tradición"* [de Borges]. No contexto dos debates sobre nacionalismo e representação, sobre o simulacro de verosimilhança do realismo folclórico e a construção da nação, bem como sobre o lugar da Argentina em relação às tradições literárias e guerras européias, surgiu a pergunta: "Qual é a tradição argentina? Dada a peculiaridade do país e de sua própria herança cultural, Borges propôs uma resposta duradoura: 'Acredito que nossa tradição é toda a cultura ocidental, e também acredito que temos mais direito a esta tradição do que os habitantes de qualquer outra nação ocidental pode ter'".[6] Ele sugere "que não devemos temer e que devemos

---

5 No prólogo dos *Cuentos* [*Contos*] de Cortázar, Borges recorda ter editado a *"Casa tomada"* e acrescenta: "O estilo parece descuidado, mas cada palavra foi escolhida. Ninguém pode contar o enredo de um texto do Cortázar; cada texto consiste de certas palavras em uma determinada ordem. Se tentarmos resumi-lo, descobrimos que algo precioso foi perdido". Jorge Luis Borges, *Biblioteca personal: Prólogos*. Madrid: Alianza, 1988, p. 10.

6 *Discusión*, en *Obras completas*. Buenos Aires, Emecé, 1974, p. 272.

pensar que nosso patrimônio é o universo; devemos ensaiar todos os temas, e não podemos nos materializar como argentinos para sermos argentinos: porque ou o ser argentino é uma fatalidade e, nesse caso, o seremos de qualquer forma, ou o ser argentino é uma mera afetação, uma máscara" (p. 273-74). Em suas considerações, Borges passa rapidamente de "ocidental" a "universo" (outra forma de nomear a Biblioteca) e cita generosamente o escritor argentino como herdeiro e inovador das letras que mereceu receber.

À fórmula de Borges, Cortázar incorporaria livremente uma certa presença oriental através de seu fascínio pela mandala, pelo satori e pelo salto desde e até o ser. Por outro lado, este velho debate (cuja sombra ainda é ocasionalmente lançada pelo aparato cultural) também surgiu em Cortázar; primeiro, de modo sistemático, em sua reflexão sobre as estratégias do conto e, depois, de modo anedótico, quando, como resultado da publicação de *Fantomas*[7] e seus possíveis alcances populares, ele volta a narrar a reação dos gaúchos argentinos diante de *"La pata de mono"* de W. W. Jacobs, em oposição ao alimento que lhes era oferecido pelos folcloristas.[8]

Particularmente a partir dos anos 1960, o interesse nessas especificações nacionais adquiriria uma dimensão continental. Hoje

---

7 *Fantomas contra los vampiros multinacionales*, "Una utopía realizable narrada por Julio Cortázar" (México, Excelsior, 1975), incorpora as declarações do *Tribunal Russell II*. A edição popular publicada em Buenos Aires por *GenteSur* incorpora a "Carta abierta de Julio Cortázar a Pablo Neruda" e "Historia del águila imperial", de Sergio Ramírez.

8 Em "Algunos aspectos del cuento", publicado inicialmente em *Casa de las Américas*, 15-16 (1962-1963, p. 3-14), que ele cita em minha entrevista com ele publicada em *Hispamérica*, V, 13 (1976), p. 55-6.

em dia, isto se confunde cada vez mais na nomenclatura difusa de "o latino" / "o hispânico" nas terras globalizadas do Norte, enquanto que, diante da crescente migração interna, ela persiste e se acentua, com claras expressões racistas e xenófobas, no discurso nacionalista e regional. Sem entrar em mais detalhes sobre o que já foi estudado em outros lugares, vale a pena notar que, ao cruzar o oceano e participar da promessa da Revolução Cubana, Cortázar redefiniu-se: sem deixar de ser o que sempre foi (a fatalidade de ser argentino), ele assumiu seu latino-americanismo e agiu de acordo com suas exigências em vários cenários na América violada. Quando a construção das identidades se tornou um lugar comum dos setores acadêmicos que se esforçam para instalar seu discurso como uma alternativa ao que percebem como uma ameaça à figura individual e aos interesses agregados de múltiplas minorias, a maneira de Cortázar de pensar a si mesmo em termos da história mais próxima e de se comprometer com ela sugere algo mais do que a conduta de sofá daqueles que, por razões de idade, conveniência ou cinismo, se desviaram da revolução.

Esta atitude também impõe sua própria reflexão sobre o manejo da língua, esse outro instrumento para possuir e definir a realidade. Para Cortázar, cuidar da língua era recriá-la, passá-la pela peneira do cemitério, como ele uma vez definiu o *Diccionario* da *Real Academia Española,* para dar-lhe vida, ritmo de rua e de sentidos, alegria e sóbria precisão, a generosa sabedoria de uma identidade que se reconhece em caminhos compartilhados. Hoje, quando tantos latino-americanos nos Estados Unidos se entregam, rendendo-se ao idioma e à definição do ser, ao reconhecimento de um público que saboreia outros sons, ou o que é ainda mais mesquinho, embora dê a medida de seus praticantes à escassa reputação da academia (e não apenas da americana, mas também das que são suas subsidiárias), percebo que o castelhano manteve, nas décadas parisienses, uma lição de moral que teria ganhado outra epígrafe para *Rayuela* [*O Jogo da Amarelinha*] (no estilo de César Bruto, é claro). E esclareço que não estou falando de escolhas vitais nem de integração à cultura francesa, como fez magistralmente Héctor Bianciotti, mas sim da hipocrisia dos rebeldes de classe que, para acessar suas próprias origens, apelam para os prestigiados indígenas da Índia, para os asiáticos que compreendem sua própria cultura, e assim, como no século XVI, continuam confundindo a cartografia das etnias, culturas e letras.

Se, com *"El perseguidor"*, Cortázar passou do "eu" ao "nós", ele antecipou, com *"Reunião"*, o que se tornaria parte integrante de sua obra crítica: a reflexão do lado não-doutrinário da simpatia pelo socialismo. Ele adotou também a defesa dos direitos humanos, o que o levaria a participar do Tribunal Russell sobre o Chile, a intervir nas muitas mesas redondas geradas pelo clima daqueles anos e a escrever posteriormente uma série de textos publicados em dois livros sobre a Argentina e a Nicarágua.[9]

Embora alguns de seus primeiros leitores tenham se surpreendido com a virada política de Cortázar, não foram surpreendentes

---

9 *Nicaragua tan violentamente dulce* e *Argentina: años de alambradas culturales* foram compilados por Saúl Yurkievich e publicados em Barcelona e Buenos Aires por Muchnik, 1984.

nem seu interesse pelos direitos humanos nem sua dedicação em enfrentar através da cultura as ditaduras do Cone Sul e da Nicarágua de Somoza. A semente de suas preocupações e a ética que tem sido a espinha dorsal de sua obra ainda se encontram em seus primeiros contos "fantásticos". Por outro lado, embora ele sempre se recusasse a produzir uma literatura de tese ou a responder às exigências de uma literatura política sob demanda, era perceptível a mudança de perspectiva e ênfase nos ensaios que ele escreveu nos anos 1940 e 1950 e naqueles publicados a partir dos anos 1960.[10]

Seus primeiros textos apontavam para uma zona na qual as categorias tinham que ser matizadas, onde a alternativa ainda era o campo do múltiplo e simultâneo. Para acessar o mundo sugerido por seus textos, entra-se pela fissura, pelo espaço que navega entre as letras, pela dúvida sistemática, pelo questionamento que suspende toda certeza para verter possibilidades e aberturas. Instalado em sua dimensão, era de se esperar que a qualquer momento

---

10 A edição dos três volumes de sua *Obra crítica* (Buenos Aires: Alfaguara, 1994) torna isto ainda mais evidente: *Teoría del túnel. Notas para una ubicación del surrealismo y el existencialismo*, escrito em 1947, ocupa o primeiro volume, editado por Saúl Yurkievich. No segundo volume, Jaime Alazraki prolonga os ensaios anteriores à publicação de *Rayuela* (1963), que incluem, entre outros, textos sobre Rimbaud, Keats, Artaud, Marechal, Paz, Victoria Ocampo e os frequentemente citados *"Notas sobre la novela contemporánea"*, *"Para una poética"* e *"Algunos aspectos del cuento"*. No terceiro volume, do qual sou responsável, evidencia-se a densidade política de suas preocupações através das páginas de *"Situación del intelectual latinoamericano"*, *"El intelectual y la política en Hispanoamérica"*, *"América Latina: exilio y literatura"*, *"La literatura latinoamericana a la luz de la historia contemporánea"* e *"Nuevo elogio de la locura"*, juntamente com leituras de Arlt e Felisberto Hernández.

se pudesse oscilar entre a queda e o impulso para outro salto; entre renunciar à escassa segurança de uma ordem que estava se rompendo e atravessar uma ponte ou uma galeria ou um oceano (ou mal sair/ir para fora do porto) para acariciar outro perfume, para transfundir o sabor de outra pele, para ouvir a música das esferas. Para Cortázar e para aqueles que aceitam ser seus cúmplices, a literatura é risco, enfrentamento e busca; uma aposta e um modo de vida tão irrenunciáveis quanto a força de eros, quanto o olhar para outros e o reconhecer-se na prática solidária que oferece proximidade, amizade, amor e também, quando a história o exige, a força necessária para se opor à violência.

Ainda protegidos por afiliações literárias e pela inquietante sombra das tradições que Borges cifra nestes (e em todos?) nossos dias – e que incluem não apenas a exaltação do indivíduo e seu culto à coragem, como também a responsabilidade dos homens perante a história –, com Cortázar mudamos a geografia. Ocasionalmente, são cruzados pórticos portenhos, litorais e exotismos poucos frequentados, ou lugares que são filhos da imaginação; mas encontramos em Cortázar também a descoberta da gozosa cartografia do desejo, a redescoberta do eros combativo. De maneira estreita e muito aproximada (como é possivelmente apropriado dizê-lo), trata-se de conjugar o corpo como um lugar de encontro, dar-lhe um pródigo espaço e tempo sobre-a-terra em face ao repressor corpo-à-terra; trata-se de aceitar na e a partir da intimidade do gozo, da harmonia, do eu-tu, que é o que se inicia desde a pele mais profunda até chegar a ser (ou não) a libertação de todas as forças e de todos os sistemas.

Nesta ênfase que Cortázar colocou no eros e no jogo (o jogo/ fogo de eros), podemos encontrar também, talvez, a origem da independência que ele jamais renunciou, mesmo em casos em que tantos outros, apegados a slogans, partidos e fórmulas, tenham lhe exigido a partir das arquibancadas do compromisso. As verdadeiras revoluções e lutas que reivindicam os direitos humanos trazem consigo, além de sua justa dimensão, uma carga erótica e múltipla que é própria a toda libertação. Não é uma coincidência que tenha ocorrido a conjunção definidora dos anos 1960, na qual a tríade sexo-rock-droga se somou – como parte do clima, mas sem que fosse possível sua integração – à reivindicação política. O massivo pode ser irredutível quando se trata de movimentos de libertação política; e não é menos do que isso quando se trata do desenho mais limitado dos corpos, daqueles "eu-tu" que se encontram em outro cenário.

"Historicizando", diríamos que Cortázar foi um homem dos anos 1960 que aceitou sua versão inicial dos anos 1940 e 1950, assim como respondeu à ferocidade dos anos 1970, a fim de contribuir a partir daí com as promessas dos anos 1980 e uma compreensão mais lúcida dessas épocas. Historicizando-o pela perspectiva do final do século [XX], nós o vemos não apenas como um companheiro na estrada – como alguns o rotularam a partir de suas próprias distâncias, esquecendo o valor de tal empresa –, mas também como um forjador – o termo não é excessivo – das letras que interpretam nossos tempos compartilhados.

Os clássicos não são apenas os livros nos quais um povo lê e interpreta seus desígnios (matizando a versão de Borges), mas também aqueles que, na mais humana cotidianidade da história literária, são compreendidos como divisores de águas. Como não somos dotados da profecia e, portanto, não sabemos como será lida no centenário de sua publicação, aceitemos para nossos dias que a importância de *Rayuela* é suficiente para marcar um antes e um depois na literatura latino-americana. Pela dinâmica e pelo espírito dos dias que acompanharam sua publicação, *Rayuela* não está sozinha (mesmo o jogo solitário de um contra um é mais prazeroso quando está acompanhado); ela integra um núcleo seleto de romances que esperam despreocupadamente sua superação, seu deslocamento, sua substituição – modos substantivos para designar as esperançosas escaramuças de alguns cânones de clausura. Sem sentimentalismo ou cega exaltação de uma época, o fato é que estes foram dias de experimentação e ruptura (também no campo literário) e que, poucos anos após sua ocorrência, foram reconhecidos como transformadores da história. E sim, com certa nostalgia, vale a pena lembrar os dias em que a ênfase na primeira pessoa do bestseller de um quilômetro quadrado de metrópole não merecia o interesse de todos os leitores, quando o minimalista não era o oposto ao épico, e quando a história não tratava de revelar os casos de amor dos caudilhos do século XIX. Talvez então os dias fossem menos egoístas porque sentíamos que a palavra e aqueles que as falavam eram responsáveis por algo mais do que seu lugar em uma página diária e o comentário nos suplementos; talvez porque a promessa de outras alternativas estivesse na rua ou porque nós leitores tínhamos encontrado vozes e interlocutores que souberam como abrir a porta para ir jogar e prever que outras ordens jaziam por trás da "grande des/ordem". Talvez também porque nos ensinaram que nem todas as viagens são viagens; que as suas viagens não eram uma metáfora atualizada do intelectual em busca de musas européias para retornar iluminado à sua pátria. Esta jornada – voluntária, como no caso de Cortázar, ou o produto do exílio em tantos outros – anunciava um modo mais abrangente e generoso de ver o mundo. Como qualquer saída para o mundo, ela tem sido propícia ao diálogo com outras vozes e outras culturas – e ainda mais: para ouvir sua própria voz –, a fim de que, enriquecido por outras culturas e outras visões, possa mais uma vez enunciar novas matizes e a suma do próprio. Sempre foi possível narrar o universo falando sobre a aldeia, mas foi igualmente necessário deixar a aldeia para conhecer seu lugar no mundo e, a partir daí, começar o conhecimento das origens e de seus possíveis futuros.

Termos definidores como "fantástico", "realista", "material", "espiritual" estabelecem limites em seu próprio enquadramento e, portanto, denunciam sua própria insuficiência para dar conta de tudo o que ultrapassa os encaixotamentos – na sua época, isso foi descoberto, e praticado, pelos seguidores da classificação da literatura fantástica por Todorov e, em outro momento, por aqueles que estabeleceram o romance histórico. De outro lado, naquele que tem o zelo classificatório, o objetivo é, precisamente, definir uma medida de conforto didático, onde tudo tem um nome e até mesmo, ocasionalmente, tem o que merece. Tudo, e especialmente os jogos, como Cortázar tantas vezes nos lembrou, responde a regras; é por isso que, para aqueles que as reconhecem, elas próprias incitam ao seu abandono e transformação, quanto mais não seja para estabelecer outras versões dessas mesmas formas de passar, gozar, entender e voltar à vida. Há, além disso, uma constante no impulso de sair do normativo. Não é uma simples reação contra o certificado de boa conduta e das convenções; nem é um gesto anárquico ou uma rejeição gratuita. Ele provém, creio eu, de uma relação que, mesmo tacitamente, articula conhecimento e poder; saber e desenvolvimento humano. Não estou me referindo, é claro, às fórmulas de organizações preocupadas com a desigualdade e a marginalização – embora isto também lhe diga respeito e esteja subjacente a certas declarações na obra de Cortázar –, mas sim àquela sensação mais profunda de burla que está na busca de Johnny Carter, de Persio e de Medrano, de Horacio Oliveira e daqueles que escrevem o livro para Manuel inserindo documentação jornalística na vontade literária, para citar apenas os personagens mais notórios. Se, nos primórdios, foi uma percepção ontológica que ecoou em suas reflexões, já mencionadas acima, sobre existencialismo e surrealismo, a ela se juntou mais tarde o reconhecimento da história que estava se desenrolando na Latino-américa. No entanto, ambas as instâncias estavam sob o domínio de uma ética participativa comprometida com a passagem do homem pela terra e pela história. Na esfera mais explicitamente literária, isto se manifestou, por exemplo, através de epígrafes iniciais como as que governam *Rayuela*; na esfera política, através de gestos como a doação dos direitos de autor às famílias dos presos políticos; na interpretação do exílio, como estratégia para recuperar valores e aprender a ser menos insularizado ao enfrentar o legado de nossas ditaduras compartilhadas, durante os exaustivos dias de solidariedade que Cortázar manteve até seus últimos dias. E isto sem abandonar seu conhecido interesse pelos jogos, na variante plástica da felicidade que Julio Silva conhecia[11], na música – do jazz e do clássico até o tango e os seus memoráveis *Trottoirs de Buenos Aires*[12] –, tudo o que constituía seus outros segmentos da vida, enquanto relia Rodolfo Walsh e Felisberto na chave da sobrevivência e simpatia, escrevendo contos, poemas, sonhos.[13]

Estou ciente de como é difícil para mim escrever sobre Cortázar, sobre sua pessoa e seus textos, sem colocar em jogo algo mais do que o exercício da crítica. A distância e o sentimento de estranheza podem ser produtivos, e até mesmo obrigatórios, quando, em nome de uma suposta objetividade, compromisso e paixão são relegados para fora da disciplina acadêmica. Neste caso, eu me permito acreditar que este não é sempre, e não deveria ser sempre, o caso, e que o julgamento de valor e a encenação do desejo e do corpo também têm (deveriam ter) seu lugar no sistema. Não estou pensando em "estados de alma", mas sim no que suscita a reflexão sobre uma figura que marcou nossos tempos e que, além disso, antecipou alguns dos recortes de imprensa que agora se multiplicam ciberneticamente.

---

11 Estou me referindo a *Silvalandia*, de Julio Silva e Julio Cortázar (México, Ediciones Culturales GDA, 1975) e à inserção de "Un julio habla de otro", in: *Territorios*. México: Siglo XXI, 1978, p. 68-72.

12 Tangos de Edgardo Cantón e Cortázar, cantados por Juan Cedrón e grabados em París em 1980. Em 1995 (Buenos Aires, Espasa-Calpe), foi publicado *Veredas de Buenos Aires y otros poemas*, selecionados e prefaciados por Mario Benedetti.

13 Cf. *Salvo el crepúsculo*, Madrid, Alfaguara, 1984; *Negro el diez*, edição facsímile sob os cuidados de Aurora Bernárdez, París, 1994, e *Cuaderno de Zihuatanejo. El libro de los sueños*. Madrid: Alfaguara, 1997.

Estou pensando neste latino-americanismo solidário com o qual Cortázar e outros intelectuais de seus tempos de Europa apostaram em um sentido de justiça globalizada, fazendo-o vários anos antes do juiz espanhol Garzón restaurar a esperança de que os que violaram a justiça impunemente durante o exercício do terror de Estado seriam submetidos a ele. Penso na rejeição do nacionalismo literário pedestre com o qual impugnou-se o que era insultuoso para os setores menos esclarecidos das tradições culturais metropolitanas. Penso naqueles que não precisaram ser brasileiros, chilenos, uruguaios, bolivianos e paraguaios para criar o *Tribunal Russell II* em 1974-1975 a fim de investigar a situação nesses países, assim como não foi ou é necessário ser argentino para exercer justiça em relação aos crimes contra a humanidade. Nesta atitude, não há rejeição do lar, nem da nação, nem da fidelidade às línguas e às culturas fundacionais; há, isso sim, um compromisso maior com o ser humano, com a fragilidade de sua existência e com a promessa de suas realizações, com aquilo que unifica através das diferenças e do culto à diversidade e à heterogeneidade cultural. Talvez por isso Cortázar tenha apostado tanto na infância e nos jogos, nos momentos em que tudo é possível, em que nada é inevitável. Talvez porque ele mesmo tenha sido um nexo entre culturas, como demonstram seus estudos de Keats e Poe,[14] para mencionar apenas dois autores que o ocuparam durante anos, ou as traduções de An-

---

14 Em 1956, a Universidade de Porto Rico publicou em dois volumes as *Obras en prosa* de Edgar Allan Poe, traduzidas e anotadas por Cortázar, tendo um estudo preliminar detalhado (pp. xi-xcvii). *Imagen de John Keats* foi publicado por Alfaguara, Buenos Aires, em 1996.

dré Gide e Marguerite Yourcenar, entre outros, e muito especialmente, como confirma sua parisiense vida latino-americana (e sim, argentina), sempre ávida pelo universo e pelo calor humano. Talvez porque, como também soube o autor de *"El jardín de senderos que se bifurcan"*, ele sempre escreveu na chave de origem, de nós, do leitor cúmplice em uma aventura que não começa nem termina em uma viagem cosmopolita ou em uma escrita compartilhada.

Uma última (por hoje) compartilhada alusão: tal como com Borges, a obra de Cortázar continua a crescer com a edição de livros que permaneceram inéditos.[15] Cada um deles aponta para uma busca constante de limites literários e, em outro sentido, para mais do que isso. A publicação de sua correspondência tornou ainda mais difícil dissociar texto e textura, uma vez que nestas cartas vemos o que há muito conhecemos de sua literatura. Cortázar tem sido algo raro na história das letras americanas: necessário.

---

15 Cf. os exercícios teatrais *Nada a Pehuajó* e *Adiós Robinson* (México, Katún, 1984), os romances *El examen* (Buenos Aires, Sudamericana, 1986) e *Divertimento* (Buenos Aires, Alfaguara, 1996).

Gynand. Monand.

EPIDENDRUM INCISUM

FIOS, TRAÇOS, PONTES:
PERCURSOS DA LITERATURA JUDAICO-LATINO-
-AMERICANA

O roteiro que me abrigou em vários textos sobre a literatura judaico-argentina-latino-americana continua a definir o que eu penso e sinto. Sinto-me tentado a continuar trabalhando em torno do que me aproxima de três qualificações: argentino-judaico-latino-americano. Sua sequência não é acidental. Se meus pais tivessem desembarcado de suas respectivas viagens européias em outro porto, eu não seria "argentino", mas seria ainda assim "judeu". Quando navegaram na década de 1930, abandonaram a nacionalidade inscrita em seus passaportes (que tenho) bem a tempo de evitar que o "J" nazista os desmembrasse. Atravessar o oceano permitiu-lhes manter portátil a herança que continua nos definindo.

Resido nos Estados Unidos há várias décadas. Faço parte da crescente minoria latino-americana, que a partir do censo mais recente alarmou o desgrenhado fascismo golpista e o racismo que antes se disfarçava em capas e capuzes brancos. Nós, os judeus, somos uma pequena porcentagem da população, mas, como em tantas outras latitudes e há séculos, temos sido a doentia razão do anti-semitismo. Aqui, nós argentinos somos ainda em menor quantidade, mas navegamos nestas águas com um leme multicolorido.

Estive muito tempo distante de onde nasci e me criei; tenho dois passaportes; ando todos os dias em quatro idiomas e quando me perguntam de onde sou, respondo com o gesto óbvio: "de Buenos Aires". "Sim, portenho, dos bons", acrescento quando certos olhares o exigem. Eu sorrio e não brinco com o ressentimento latino-americano local, que às vezes temos que tolerar, e não apenas quando a seleção argentina está jogando.

Na mala eu coloquei o que muitos de nós pomos entre nossas roupas: discos de tango, folclore, erva, doce de leite, um caderno *Laprida* com anotações, um pequeno bloco de notas de capa preta com alguns números de telefone e endereços. Tudo isso foi há muito tempo: antes do retorno à democracia; antes da última ditadura civil-militar e do terrorismo de Estado; antes do retorno final do general *"quanto valés"* [Perón]; antes do outro golpe contra a decência presidencial. Foi há muito tempo, mas "argentino até a morte", digamos que se segue associando ao "juremos com glória" viver como uma afirmação e um projeto de vida. Assim serei até então, e judeu e argentino depois também, graças aos filhos que nasceram aqui e que terão um passaporte como o primeiro, aquele de couro azul com o brasão dourado, que foi estampado para mim em Nova York.

*

Tenho apelado e continuo apelando para fios e tramas, para fronteiras, caminhos e pontes ao retraçar um texto. Foi assim que me ensinaram a fazê-lo no idioma que se escreve da direita para a esquerda [o hebraico]; é por isso que tenho a tendência de procurar em cada palavra o que não é aparente, de imaginar o que está entre letras e linhas, de ligar os itinerários nos quais me assentar. Uma maneira de me sentir em casa com o que sou. E é por isso que, em um curso sobre literatura medieval, mergulhei na *Coplas de Yoçef*, um texto aljamiado do primeiro século de ouro espanhol, aquele que foi enaltecido nas páginas de Yehuda Halevi e ibn Gabirol, ibn Ezra e ibn Pakuda. Séculos antes de Cervantes e Quevedo, essas gerações hebraico-ibéricas exaltaram curiosidades, fantasias, desejos e defesas contra qualquer possível cisão. Foi assim que essas páginas foram acrescentadas ao legado da dupla escolaridade separada pelo almoço apressado da minha infância e primeira juventude.

Depois vieram a busca de motivos cabalísticos em Borges e um diálogo que fez uma escala na costa iminente e continua pelas páginas a seguir que dizem respeito a alguns dos escritores com os quais compartilho caminhos e buscas. A precisão deste recorte está presente em minha bibliografia; dele retiro pinceladas e alusões a um quadro em perpétuo movimento, parte da formação troncal que insiste na defesa dos direitos humanos e da justiça. "*Tsedek, tsedek tirdof*", diz a fonte medular: "Justiça, a justiça buscarás".

*

Acredito que não é mais necessário definir o que entendemos por "literatura judaico-latino-americana", nem estabelecer segmentações, ordenações de participação e exclusão.[1] Como leitores, podemos considerá-la como uma produção nacional ou transnacional, incluí-la no correspondente e estreito cânone fronteiriço e, ao mesmo tempo, recortá-la em face a um mapamundi da heterodoxia judaica. Sabemos que, como latino-americana, ela é enunciada em espanhol e português, que não se limita aos "idiomas judaicos" (iídiche e judaico-espanhol/judezmo), ainda que seus ecos e sabores sejam ressaltados como marcadores de pertencimento. Seu repertório temático não está sujeito a uma lista de motivos, embora frequentemente encontremos pontuações geográficas, culturais e culinárias, étnicas e religiosas; padrões e defesas de integração diante de ameaças e atos antissemitas; referências a histórias e políticas nacionais sem nenhum tom minoritário; questionamentos e rejeições de uma concepção e prática autoritária. Como toda boa literatura, ela é uma provação ao conforto do leitor e o altera, antecipando, como só Kafka poderia fazer em uma língua que ele fez sua, e desde uma herança que nem sempre explicitava, o que a história descarregaria muito mais tarde. Quando um único adjetivo não é suficiente para exercer a identidade, sente-se a "outridade", um modo de ver a outra vereda que também é a própria; a partir de dentro, mas com outra lente.[2]

---

1 Ver a introdução de Hanna Wirth-Nesher, "Defining the Indefinable: What is Jewish Literature?", no volume que editou: *What is Jewish Literature?* Philadelphia/Jerusalem: The Jewish Publication Society, 1994, p. 3-12.

2 O acima exposto, bem como outros motivos que discutirei nas páginas seguintes, podem ser rastreados em escritores judeus latino-americanos que analisei em outros artigos e notas, além de serem componentes medulares nas obras dos argentinos

*

Embora em algumas latitudes haja uma insistência, mesmo que formalmente, no tocante ao respeito à "diferença", não se conseguiu afastar em nada as ameaças daqueles que continuam a proclamar sua inexistente superioridade racial. A inversão dos valores humanos que se traduziu no genocídio único da *Shoah* não impediu novos massacres e crimes de lesa humanidade, nem o terrorismo de Estado, nem as migrações transcontinentais forçadas. A crescente e visível hibridez que define nossa era desafia qualquer falatório sobre supremacia, mas não tem impedido – e, de fato, tem fortalecido – a propagação do fascismo. Além disso, as variantes nacionalistas fazem uso dela para gerar a fonte alimentadora da escória que marcou os piores momentos do século 20 e até agora no século 21. De todo modo, não tem conseguido deter o avanço das culturas babélicas.

Quando as redes tecem seus próprios anagramas na velocidade das ondas passageiras, é cada vez mais difícil falar do que é próprio e do que é estranho. Vindo de raízes que acentuam as singularidades, as letras judaico-latino-americanas podem ser lidas como um sistema cujo centro está em todas as partes. Sem negar as origens e os presentes, suas páginas promovem a dúvida, cultivam a

---

sobre os quais vou me debruçar. Por razões de espaço, não lido com as obras dos uruguaios Mauricio Rosencof (1933) e Teresa Porzecanski (1945), do peruano Isaac Goldemberg (1945), dos venezuelanos Isaac Chocrón (1930-2011) e Sonia Chocrón (1961), dos mexicanos Margo Glantz (1930), Esther Seligson (1941-2010) e Myriam Moscona (1955), entre muitos outros.

incerteza, semeiam questionamentos, denunciam abusos, exigem memória e justiça. Certamente, não é o único sistema literário a fazê-lo, mas por causa de seus próprios componentes, percorro-o na medida em que ele também enfrenta modelos autoritários. Por sua própria história, aqueles que são submetidos a múltiplas expulsões sabem que a busca de refúgio define a incerteza diante de qualquer promessa de um lar seguro. Variante do ser-em-trânsito, o judeu incorpora línguas e culturas, tornando-se porta-voz do que foi forçado a abandonar – a sefarada do fanatismo católico e a Alemanha nazista são exemplos paradigmáticos – ou, em casos menos dramáticos, o que ele carrega enquanto navega em nome de outras opções e vivências.

*

Os proprietários da terra não se importam com a identidade que os autoriza a exercer o poder, exceto quando ameaçados pelo crescimento das visões de mundo que desafiam suas próprias visões. Sacando suas armas, eles então vociferam sua defesa da civilização ocidental e cristã. Sendo intérpretes dos documentos fundadores, eles manobram os limites do permitido e descartam a tolerância neles inscrita. Para as minorias, independentemente das razões pelas quais elas se encontram em um determinado ambiente com uma língua que não conhecem, ou cuja tonalidade lhes é estranha, afirmar-se em sua diferença é um mecanismo de defesa e sobrevivência. Por outro lado, é ao mesmo tempo o que diferencia a integração em relação à assimilação.

Para os autores que nos ocupam destas páginas, dizer "eu sou judeu" é um ato de afirmação tangível e não apenas a aceitação de uma marca imposta; é reconhecer "quem eu sou" e "o que eu sou". Questionar-se sobre sua própria identidade é possuí-la diante de exigências que parecem incompatíveis com o fato de ser judeu. É, em outro nível, o fundamento sobre a qual são construídas instituições educacionais e caritativas, clubes sociais e esportivos, sinagogas e cemitérios. Para os imigrantes e seus descendentes, estar na Latino-américa significa viver e morrer em uma terra tão querida como a sua. Tendo deixado para trás as discriminações, as perseguições, os pogroms no século XIX e o genocídio no século XX, chegar a estas margens implicou a adoção e aquisição de uma terra, de um senso de territorialidade, de raízes que carregavam consigo um compromisso político para o desenvolvimento da nação. Apelo a textos específicos para ilustrar algumas dessas facetas.

O primeiro é o fundacional *Los gauchos judíos* (1910) de Alberto Gerchunoff (1889-1950), publicado por ocasião do primeiro centenário da independência argentina, no qual elogiou a "nova Sião" como terra de liberdade, prosperidade e paz ("Argentina é Palestina para o judeu", escreveu ele em 1914). Sujeito ao desejo inabalável de ser argentino e de ser aceito como tal, Gerchunoff evitou as explosões xenófobas e antissemitas que caracterizaram muitas das ruas e páginas escritas na década de 1880 e as leis restritivas de residência de 1902. Além disso, ele se apegou ao legado de Cervantes a fim de herdar, através da língua espanhola e da cultura hispânica, a legitimidade que outros em vão tentariam lhe negar. Como imigrante da Europa do Leste, sua entrada nesta cultura lhe permitiu conceber o fim de quase quatrocentos anos de exílio sefardita.[3] Vendo-se no limiar de uma nova ordem, ele assumiu que a cultura permitiria ao judeu fundir o que ele trouxe da Europa com o que ele iria adquirir em sua nova casa. A territorialidade espiritual alicerçada em um sentido de pertença, em vez da posse de um terreno, garantiria sua transformação em um homem de letras integrado à argentinidade. Gerchunoff conseguiu isso; ele contribuiu para as páginas literárias do jornal *La Nación* e foi reconhecido por seus pares. Ele denunciou em numerosas publicações e palestras o nazismo e o fascismo europeu que se fizeram sentir na terra promissora e, consciente da importância do estabelecimento do Estado de Israel em 1948, ele ecoou sua marca dentro e fora da comunidade local.

A segunda é a peça *Requiem para un viernes a la noche* (1964) de Germán Rozenmacher (1936-1971). Criado em um lar ortodoxo, ele falava iídiche e hebraico e tinha um conhecimento íntimo da história e das tradições judaicas, razão pela qual ele foi capaz de fixar nuances específicas no cenário e nas expressões dos personagens para a estréia de *Requiem* no Teatro IFT em Buenos Aires, em 1964. Muito mais que um conflito entre pai e filho, nesta peça ele fez um pacto com uma fórmula de integração, mesmo ao custo de rom-

---

3 Ancorado em Buenos Aires, ele nunca deixou de explorar seu Entre Rios nem as raízes das culturas nas quais se reconhecia. Alguns exemplos: *La jofaina maravillosa: agenda cervantina*. Buenos Aires: BABEL, 1922; *La asamblea de la bohardilla*. Buenos Aires: M. Gleizer, 1925; *Enrique Heine, el pota de nuestra intimidad*. Buenos Aires: BABEL, 1927; *Los amores de Baruj Spinoza*. Buenos Aires: BABEL, 1932; *Entre Ríos, mi país*. Buenos Aires: Futuro, 1950; *Retorno a Don Quijote*. Buenos Aires: Sudamericana, 1951 (pról. Jorge Luis Borges); *Argentina, país de advenimiento*. Buenos Aires: Losada, 1952; *El pino y la palmera*. Buenos Aires: Sociedad Hebraica Argentina, 1952.

per com o legado ancestral. Em vez de seguir a linha dos cantores litúrgicos cumprida por seu pai e antepassados, o personagem sucumbe à ambição de ser romancista e ao amor de uma mulher não judia. Este modelo de rejeição ao que foi herdado – talvez a razão pela qual a peça foi transmitida repetidamente na televisão estatal – acaba exaltando, paradoxalmente (ou não), a integridade de Sholem, o pai que, vivendo em uma sociedade tão estranha àquela em que ele nasceu, sabe que certas coisas não podem ser feitas.

Como descreve a si mesmo em uma nota autobiográfica, Rozenmacher era uma raridade. Em um certo momento, parodiando Valle Inclán, ele se pintou como "feio, judeu, enfurecido e sentimental"[4]; em outro, como um judeu que não era sionista nem anti-sionista, mas peronista.[5] Para denunciar a proscrição do peronismo, Rozenmacher participou com Roberto Cossa (1934), Ricardo Talesnik (1935) e Carlos Somigliana (1932-1987) em *El avión negro* (1970), uma alusão ao então popularmente esperado retorno de Perón do

4 Detecto uma homenagem a seu trabalho na autodefinição de Andrés Rivera (nascido Marcos Ribak, 1928-2016), como "judeu e bolchevique e portenho" em seu romance *Kadish* (2011). E acrescento que, para Rivera, o balanço, a busca do equilíbrio, a conjugação de identidades e a revelação da história têm sido imposta ao longo de múltiplos romances. Menciono, entre outros, *La revolución es un sueño eterno* (1992, Prêmio Nacional de Literatura), *La sierva* (1992), *El Farmer* (1996) e *El manco Paz* (2003). Em uma palestra televisionada no *Canal Encuentro*, ele confessou que tentou desvendar o quanto de nós há em Rosas e por quê. Em *Kadish*, ele recuperou outra parte de seu legado: "Eles me chamam Abraham Roiter: um nome de desertos e luxúria. E um sobrenome simbólico" (Buenos Aires: Seix Barral, 2011, p. 9).
5 "Presentación", em *Cuentos completos*. Buenos Aires: Centro Editor de América Latina, 1971.

exílio. Ao lado desta proposta, Rozenmacher encenou uma versão do clássico espanhol *El lazarillo de Tormes* – o romance anticlerical picaresco publicado em 1554 –, e em 1970 escreveu *Simón Brumelstein, caballero de Indias*, apresentado postumamente em 1982 e publicado em 1987.

O terceiro é *Ser judío* (1967), um polêmico ensaio de corte político-filosófico que León Rozitchner (1924-2011) publicou após a "Guerra dos Seis Dias" (junho de 1967), onde a vitória israelense sobre vários países árabes deu origem, na América Latina, a uma avalanche de artigos, entrevistas e poemas, assim como a debates apaixonados dentro da esquerda judaica. Com este pano de fundo, e levando em conta o suposto duplo ser dos judeus em um "mundo material em qualquer lugar" e em um "campo imaginário" sustentado pela religião e o desejado retorno a Sião, Rozitchner analisou o que significava, naquela época, ser judeu na Argentina. Comprometido com judeus de esquerda que puseram de lado um de seus componentes, ele abordou o impacto de ser "nacional". Ele discordou com quem, dentro e fora da comunidade, poderiam vê-los como uma anomalia no tecido social "verdadeiramente argentino", ou seja, nominalmente católico. Ele insistiu que nascer no país conferia cidadania e que o argentino judeu deveria combater e refutar qualquer argumento que tentasse excluí-lo do corpo político. Em outras palavras, e dado o contexto, ele alegou que se pode "ser judeu" em terras fora de Israel, onde isso seria, ostensivamente, uma disputa irrelevante. Infelizmente, nem o debate nem as conclusões de Rozitchner se tornaram ultrapassadas; por exemplo, no "Índice da Desumanidade do Humano", ele observou que o prisioneiro judeu sofreu com a atenção extra dos torturadores durante a última ditadura civil-militar.[6]

Embora tenham passado várias décadas desde a publicação destes textos, os termos adaptação, integração, aculturação e assimilação ainda estão em jogo nas letras que emergem da chegada, do assentamento e do compromisso ideológico, quer inicialmente trazidos em navios ou desenvolvidos em resposta às condições locais. Deve-se lembrar que o desejo do imigrante, especialmente aquele que rejeitou a dissolução em uma cultura dominante, não foi universalmente abraçado pela população em geral, marcada como foi pelo impacto do catolicismo e seus fortes laços com as forças nacionalistas. Em vários momentos da história da comunidade judaica argentina, enquanto seus porta-vozes oficiais respondiam a viva voz a qualquer questionamento de sua lealdade, outros descendentes de imigrantes responderam a essa suspeita pela atestação da plenitude de sua integração lutando e morrendo por seus ideais.

Durante a última ditadura (1976-1983), mais de 10% dos desaparecidos na Argentina eram judeus, sendo que os judeus representavam menos de 1% da população. O ataque terrorista à *Asociación Mutual Israelita Argentina* (AMIA) – um emblema da integração judaica no país –, que matou 89 cidadãos argentinos em 1994, serviu para lembrar à Argentina que sua distância do Oriente Médio não a torna imune aos ódios locais e àqueles gerados em outras áreas, e que a

---

6 Apresentado no Congreso de Escritores Latinoamericanos-judíos de 1986 em Buenos Aires e publicado em *Pluralismo e identidad: lo judío en la literatura latinoamericana*. Buenos Aires: Milá, 1986, p. 79-83. A primeira edição de *Ser judío* foi publicada em Buenos Aires por *Ediciones de la Flor* em 1967.

aposta no reconhecimento e na plena aceitação de certas minorias (a minoria judaica não é a única) ainda é uma tarefa pendente. A participação dos judeus argentinos na vida política do país, assim como sua militância e participação na luta armada, não cancelou para alguns deles o reconhecimento de suas raízes e o exercício das línguas em que foram criados. Também neste sentido, Juan Gelman (1930-2014) é um exemplo paradigmático. Refletindo sobre sua ree-laboração poética da poesia judaico-espanhola medieval de Yehuda HaLevi, bem como de textos cabalísticos, ele disse: "A linguagem é muito mais do que uma visão do mundo. Ela tem um inconsciente, um reservatório de séculos. No inconsciente do idioma está alojado tudo o que cabe na língua espanhola", e em uma reunião de escritores judeus latino-americanos, ele acrescentou: "[...] acredito que na obra de todos nós existe efetivamente uma dimensão judaica. Também acredito que se escreve com o corpo, mas acho impossível, em meu caso, definir a judeidade que constitui minha subjetividade e que, sem dúvida, nutre [me encoraja em] o que escrevo".[7] Gelman, que, entre outros prêmios, recebeu o Prêmio Nacional de Poesia (1987) e o Prêmio Cervantes (2007), já estava entre os principais poetas de sua geração para livros como *Gotán* (1962), *Los poemas de Sydney West* (1970), *Cólera Buey* (1971) e *Hechos y relaciones* (1980). Ele também era conhecido como jornalista e militante no movimento

---

7 Este é um tema complexo: "Até que ponto os escritores judeus que escrevem em castelhano, em uma língua diferente do iídiche ou do hebraico, escrevem literatura judaica? Com este questionamento, Gelman começou sua conferência em uma reunião realizada em Buenos Aires em 1992. Publicado como "Lo judío y la literatura en castellano" em *Hispamérica*, XXI, 62 (1992), p. 83-90.

                                                         SAÚL SOSNOWSKI

Montoneros, o que o forçou ao exílio em 1975. Em uma entrevista com Leonardo Senkman, Gelman relatou sua infância em uma casa onde se falava russo e iídiche, e como em 1983 ele começou a escrever em sefardita.[8] Seu fascínio por Ibn Gabirol e Yehuda HaLevi o levou à *Com/Posição*. É o interior, e não apenas o impacto corporal pessoal do exílio, que percorre este e várias coleções poemas subsequentes. Os poetas medievais hispano-judaicos e místicos cabalísticos ressoam em todo *Dibaxu* (1994), poemas que ele escreveu entre 1983 e 1985, que seguem as também exílicas *Citações e Comentários de 1978-1979*. Em *Dibaxu*, ele comenta: "[...] sei que a sintaxe sefárdica me devolveu uma candura perdida, e seus diminutivos, uma ternura de outros tempos que está viva e, portanto, cheia de consolo. Talvez este livro seja apenas uma reflexão sobre a linguagem de seu lugar mais abrasador, a poesia" (p. 7). Em um registro radicalmente diferente do que foi enunciado décadas antes por Gerchunof, no exílio, Gelman, um judeu argentino-shkenazi, encontra seu lar na recuperação da língua dos judeus expulsos de Sefarad em 1492. Há no exílio uma sensação de estar fisicamente fora do país e, através da poesia, fora de si mesmo: uma experiência extática encontrada no anseio do poeta pela terra que ele foi obrigado a abandonar.

---

8 Senkman, Noach, 106-113. Em outra entrevista, Gelman disse que nunca teve um conflito com o judeu nele, o que também pode explicar, acrescentou ele, porque nunca teve um conflito com o argentino nele. Construída durante séculos sem o apoio de uma estrutura estatal, para ele, a cultura judaica se expressa em uma miríade de línguas; é diversificada, universal, pluralista e, como foi (e ainda é) construída de baixo para cima, é uma cultura democrática. "Juan Gelman: uma cultura democrática", *Nueva Sión* [Buenos Aires], 22 de agosto de 1992.

*

Em outro momento, sublinhei como a experiência do exílio gerou a recuperação das tradições judaicas em Pedro Orgambide (1929-2003), especialmente em suas *Aventuras de Edmund Ziller en tierras del Nuevo Mundo* (2000). Em um comentário sobre *"Eli, Eli, Lamma Sabajtani"* – um poema escrito por Humberto Costantini (1924-1987) muito antes de o golpe de Estado de 1976 forçá-los ao exílio no México –, Orgambide evocou o caráter do "judeu errante" e o fardo da vida na diáspora que afetou a ele e a David Viñas (1927-2011), ambos nascidos de casamentos mistos; e a Costantini, um sefardita argentino de origem italiana. Não me parece necessário salientar que o exílio afligiu igualmente os membros de todas as comunidades, como o próprio Orgambide reconheceu em obras de Nicolás Casullo (1944-2008) e Mempo Giardinelli (1947). O que eu gostaria de salientar, entretanto, é que tanto Orgambide quanto Costantini, conhecidos por histórias que retratam os personagens portenhos, o tango e as ruas populares, se uniram como sobreviventes para evocar a voz patriarcal de seu judaísmo. O poema de Costantini, escrito em um espanhol apimentado com hebraico e italiano, se dirige ao "Adonai de Turim" como o tio que foi civilizado lá por seus avós, e sugere que é melhor ele ficar lá, na paz de um tempo anterior, deixando-o na América para inventar tudo, mais uma vez, desde o princípio. Ninguém, além de um poeta portenho-judaico-italiano-sefardita poderia ter encerrado assim: "Cuprimente-o, e às vezes lembre-se dele / com singela nostalgia: / seu sobrinho" [*Te saluda, y a veces te recuerda / con pavota nostalgia: / tu sobrino*].[9]

---

9 As referências judaicas de Costantini não são isoladas. Em *"Don Iudá"* (1958), por

Os cenários sobre os quais os textos de Costantini se assentam fluem em termos de localização, instância e identificação opressor-oprimido, denunciando a perseguição e a injustiça; uma constante que também ocorre em Orgambide em um enredo que inclui biografias de Horacio Quiroga (1878-1937) e Ezequiel Martínez Estrada (1895-1964), o "Juan Moreira Supershow" de 1972, e um programa musical sobre Eva Perón (1986). Tendo se desdobrado em todos os aspectos da vida e da noite portenha, seguindo os passos de Roberto Arlt (1900-1942), Orgambide também se concentrou no lado avesso, no lado menos glamouroso e mais sinistro do país, relatando acontecimentos históricos e histórias de rejeição e adaptação de imigrantes, seja no *Hotel Familias* (1972) ou, mais tarde, em *El arrabal del mundo* (1983), *Hacer la América* (1984) e *Pura memoria* (1985).

Para sublinhar que ainda somos confrontados com estas questões, embora em circunstâncias diferentes, passo a citar Kohan (1967), autor de romances, livros de contos e ensaios – entre estes, *Narrar a San Martín* (2005) e *El país de la guerra* (2014). Ele diz: "Me agrada a seguinte expressão: 'argentino naturalizado'. A ponto de

exemplo, o "judeu errante" é perseguido em Lucena em 1108; séculos, ou anos mais tarde, novamente na Espanha e em outros lugares; *"Una vieja historia de caminantes"* é colocado em torno de Jerusalém na época de Jesus. Costantini deixou inacabado um romance, *"Rapsódia de Rachel Liberman"*, a história de uma prostituta que denunciou o tráfico de escravos brancos no Zwi Migdal. Entretanto, suas histórias mais conhecidas, *Una vieja historia de caminantes* (1967) e *Háblenme de Funes* (1970), apresentam personagens do picaresco de Buenos Aires. Seu premiado romance *De dioses, hombrescitos y policías* (1979) e *La larga noche de Francisco Sanctis* (1984) se centram na violência que levou ao golpe de Estado de 1976 e suas consequências.

estendê-la a todos os argentinos; também, e especialmente, aos nativos. Não há argentinos "naturais" (quem seriam? Os índios, que não falavam espanhol? Os espanhóis ou os crioulos, que mataram os índios?). Todo argentino é naturalizado, e não natural, porque em toda identidade existe o artifício. A eficácia deste artifício, como a de todo artifício, está enraizada em seu poder de naturalização. É assim também que eu sou judeu". E ele termina com: "Só se perde o que não se teve, como disse Borges também. Nunca é mais completo o meu judaísmo do que no que ele perdeu e recuperou".[10] Em *Poéticas de la distancia. Adentro y afuera de la literatura argentina*, o volume editado por Sylvia Molloy e Mariano Siskind, no qual dois terços dos autores são judeus, Kohan se apresenta com estas palavras: "[...] Eu nunca vivi, nem planejo viver, em nenhum outro lugar a não ser em Buenos Aires. Aprendi duas línguas estrangeiras: latim e hebraico. A primeira não pude usar porque está morta; a segunda porque não viajo para Israel [ele viajou mais de uma década depois desta publicação] e porque meus avós falam iídiche, não hebreu".[11] Mais adiante no texto, ele acrescenta: "[...] a opção não é a argentinidade, mas sim o judaísmo. De repente, como no milagre das revelações, descubro que sou um

---

10 Martín Kohan, *"La pregunta* (Pérdida y recuperación del judaísmo)", *Hispamérica*, XLVIII, 143 (2019), p. 78. No mesmo dossiê, "Vivir 'Entre mundos': Presencia judía en las letras iberoamericanas", apresentado por Leonardo Senkman (p. 71-4); ver os textos de Myriam Moscona, *"El ladino*: Un pie fuera de la lengua" (p. 79-84) e "De dónde vienen y dónde van las palabras", de Luisa Futoransky (p. 85-92).
11 Sylvia Molloy e Mariano Siskind (eds.) *Poéticas de la distancia. Adentro y afuera de la literatura argentina*. Buenos Aires: Norma, 2006, p. 130.

judeu. Um judeu sem Deus, de acordo com a fórmula adotada por Peter Gay para se referir a Freud, e sem um Estado, porque Israel não se encaixa na definição (sem Deus e sem Estado: no judaísmo, embora somente no judaísmo, funciono como um anarquista)" (p. 136-37). Em um texto intitulado *"La emigración en ciernes"*, ele diz: "Do judaísmo não é possível emigrar, entre outras coisas porque a emigração em grande parte o constitui, refere-se à sua tradição, faz sua tradição [*hace a su tradición, hace su tradición*]" (p. 137).

Insisti em suas palavras porque elas marcam o estado de coisas no que se tornaria uma geração literária cada vez mais distante daquela inicialmente marcada por aqueles que escreveram em iídiche na Argentina; por aqueles já integrados como Gerchunof, César Tiempo (nascido Israel Zeitlin, 1906-1980), Samuel Eichelbaum (1894-1967), Samuel Glusberg (Enrique Espinoza, 1898-1987) e Carlos M. Grünberg (1903-1968), cada um delineando sua própria causa política e seu canal em literatura, cinema e teatro; e por, entre outros, Germán Rozenmacher, Mario Goloboff (1939), Mario Szichman (1945-2018) e Tamara Kamenszain (1947-2021). Além disso, porque na Argentina e em tantos outros países, além do que nós mesmos gostaríamos de sustentar e das raízes cada vez mais profundas que achamos, há aqueles que nos lembram que esses ainda são vistos também como estrangeiros e que os descendentes de Otto Dietrich zur Linde não depuseram suas armas nem a xenofobia que os azeita. Em face deles está o poder da literatura, que recusa o silêncio e, como ela, faz memória da lembrança.

Gynand. D.

EPIDENDRUM CANALICUL

(Tab. 10.)

Gynand. Diand.

EPIDENDRUM GALEAT

(Tab. 5.)

FONTES DOS TEXTOS

CARTOGRAFIA E CRÍTICA DAS LETRAS HISPANO-AMERICANAS

Fonte: SOSNOWSKI, Saúl (1996). Cartografia y critica de las letras hispanoamericanas. In: SOSNOWSKI, Saúl (org.) *Lectura crítica de la literatura americana, Vol. I: Inventarios, invenciones y revisiones*. Caracas: Biblioteca Ayacucho, 1996-1997, p. p. IX-LXXXVIII. Para este livro, foram suprimidas as seções "Pasos y pautas de la critica literaria latinoamericana" e "La revision del canon".

MEMÓRIAS DE BORGES (ARTIFÍCIOS DA HISTÓRIA)

Fonte: SOSNOWSKI, Saúl (2000). "Memorias de Borges. (Artificios de la historia)", *Variaciones Borges*, 10, p. 79-95.

PRESENTE EM MINHA AUSÊNCIA: SEMPRE COM *HISPAMÉRICA*

Fonte: SOSNOWSKI, Saúl (2017). "Presente en mi ausencia, siempre con Hispamérica". In: Congreso del CELEHIS, Mar del Plata, 7 de noviembre.

CORTÁZAR, NECESSÁRIO

Fonte: SOSNOWSKI, Saúl (2000). "Cortázar, necesario", Tlön, Uqbar, Orbis Tertius [Universidad Nacional de La Plata, Argentina], IV, 7, p. 187-96.

FIOS, TRAÇOS, PONTES: PERCURSOS DA LITERATURA JUDAICO-LATINO-AMERICANA

Texto inédito. Sua composição tem por base estudos anteriores, listados na Apresentação, nota 9, p. 23-4.

SOBRE O AUTOR

Saúl Sosnowski (Buenos Aires, 1945) se doutorou na Universidade da Virgínia em 1970 e, desde então, é professor de Literatura e Cultura Latino-Americana na Universidade de Maryland, College Park. Ele dirigiu o Departamento de Espanhol e Português (1979-2000), foi o Diretor fundador do Centro de Estudos Latino-Americanos (1989-2009) e também dirigiu, como chefe associado, o Escritório de Programas Internacionais (2000-2011). Ele é fundador e editor da revista literária *Hispamérica*, que celebrou em 2021 seus 50 anos de publicação contínua.

Organizou e prefaciou a obra *Lectura crítica de la literatura americana* (4 volumes, Biblioteca Ayacucho, 1996-1997). Durante uma década, dirigiu uma série de conferências internacionais sobre "*La represión de la cultura y su reconstrucción en el Cono Sur*" (1984-1994), que resultaram em cinco volumes editados ou co-editados que foram publicados em Buenos Aires, Montevidéu, São Paulo, Santiago e Assunção. Em 1995, ele lançou o projeto "*Una cultura para la democracia en América Latina*" e em março de 2001, em Buenos Aires, "*Nuevo liderazgo para una sociedad democrática*".

Além disso, outras publicações relacionadas a este tema incluem: *Una cultura para la democracia en América Latina* (México, 1999, coeditado con Roxana Patiño) e os três volumes resultantes do projeto "Uma cultura para a democracia no Brasil", realizado sob a direção da Universidade de Maryland e do Ministério da Cultura do Brasil, com o título *Cultura e Democracia* (Rio de Janeiro, 2001-2002, co-editados com José Alvaro Moisés do Ministério da Cultura do Brasil).

Sosnowski é autor de: *Julio Cortázar: una búsqueda mítica*; *Borges y la Cábala: la búsqueda del verbo* (três edições, tendo sido traduzido para o português e o alemão); *La orilla inminente: escritores judíos argentinos*; *Fascismo y nazismo en las letras argentinas* (com Leonardo Senkman); *Cartografía de las letras hispanoamericanas; tejidos de la memoria* (2015, Prêmio "Ezequiel Martínez Estrada", *Casa de las Américas*, La Habana, 2018); co-autor de *Exile, Diaspora, end Return. Changing Cultural Landscapes in Argentina, Chile, Paraguay, and Uruguay* (Oxford University Press, 2017). Entre suas publicações recentes, encontram-se: *Rugido que toda palabra encubre* (2017, poesía) e os romances *Decir Berlín, decir Buenos Aires* (2020) e *El país que ahora llamaban suyo* (2021), sendo os dois publicados em Buenos Aires pela *Paradiso Ediciones*.

SOBRE A ORGANIZADORA

Roxana Patiño é formada em Literatura Moderna pela Universidade Nacional de Córdoba, Argentina (UNC), e doutora em Literatura Latino-Americana pela Universidade de Maryland, College Park, EUA. Até este ano, ela tem sido Professora Regular de Literatura Latino-Americana na Faculdade de Filosofia e Ciências Humanas (FFyH) da UNC. Ela é pesquisadora do Centro de Pesquisa da Faculdade e membro do Comitê Acadêmico de seu programa de doutorado.

Ela dirigiu projetos de pesquisa sobre literatura latino-americana contemporânea no Centro de Pesquisa da FFyH-UNC e no Programa de Pesquisa *"Escrituras latinoamericanas contemporáneas: literatura, teoría y crítica en debate"*. Suas pesquisas se concentraram principalmente no estudo da cultura intelectual e seus circuitos, debates e agendas nas revistas literárias e culturais latino-americanas do século XX; e, mais recentemente, ela se concentrou no estudo da formação do pensamento crítico-literário latino-americano na segunda metade do século XX e no início do século XXI.

Ela editou os seguintes livros: *Una cultura para la democracia en*

América latina (1999) (em colaboração com Saúl Sosnowski) (1999); *Escrituras latinoamericanas. Literatura, teoría y crítica en debate* (2013) (em colaboração com Nancy Calomarde); *Qué Brasil, por qué Brasil. Recorridos críticos desde Argentina* (2017) (em colaboração com Mario Cámara); *Ficciones Críticas. Escrituras latinoamericanas contemporáneas* (2021) (em colaboração com Nancy Calomarde). É autora de *Intelectuales en transición. Las revistas culturales argentinas (1981-1987)* (1997); *El materialismo cultural de Raymond Williams* (2001); *Narrativas políticas e identidades intelectuales en Argentina (1990-2000)* (2003). É co-autora de *Umbrales y catástrofes: Literatura argentina de los 90* (2003).

Desde 2006 até hoje, é membro fundadora e membro do Comitê Executivo da Rede Acadêmica de Ensino e Pesquisa na Área de Literatura Latino-Americana, *Katatay*. Desde 2011, dirige a Coleção *Zona de Crítica* da Editorial Universitaria EDUVIM, com volumes da crítica literária e cultural líder na América Latina.

SOBRE AS ILUSTRAÇÕES

Frei José Mariano da Conceição Vellozo (1741-1811) nasceu na vila de São José del Rei, na então comarca do Rio das Mortes. Era primo-irmão de Joaquim José da Silva Xavier, o inconfidente Tiradentes. Ingressou no Convento Franciscano de São Boaventura do Macacu em 1762 e cursou filosofia e teologia no Convento de Santo Antonio no Rio de Janeiro. Em 1771, foi enviado para o convento da cidade de São Paulo como missionário na aldeia indígena São Miguel.

A coleta de amostras da flora e da fauna, pedras, conchas e outros objetos da natureza, a serem enviados para o Gabinete de História Natural da Ajuda, na metrópole, teve início em São Paulo. A descrição detalhada desse material, as técnicas de taxidermia, das madeiras e amostras desidratadas de plantas motivaram seu retorno ao Rio de Janeiro.

A *Flora Fluminensis*, escrita originalmente em latim, consiste num estudo com descrições e ilustrações, a cargo do frei Solano, de 1.639 plantas da capitania do Rio de Janeiro e adjacências, coletadas e classificadas entre 1782 e 1790. Essa obra de fôlego, com cerca de 3.000 páginas distribuídas em 11 volumes, foi impressa no mais importante litógrafo de Paris, Senelfelder, com uma tiragem de 3.000 exemplares.

Vellozo, José Mariano da Conceição. *Florae Fluminensis: icones nunc primo editur*. Rio de Janeiro: Off. Lith. Senefelder, 1825-1827

Azougue Press

coordenação geral Sergio Cohn

coordenação editorial

Sergio Cohn — Darien Lamen — Cristián Jiménez Plaza

Brasil | CNPJ 12.272.339/0001-26

Portugal | NF 515805394

USA | E. Id. 803650511

Chile | tucán ediciones RUT 77.369.106-1